新高考

公平性及其实践路径研究

王新凤／著

STUDY ON THE FAIRNESS AND
IMPLEMENTATION PATHWAYS OF
NEW GAOKAO IN CHINA

社会科学文献出版社
SOCIAL SCIENCES ACADEMIC PRESS (CHINA)

目　录

序

2014 年，国务院印发《国务院关于深化考试招生制度改革的实施意见》，上海、浙江启动首轮高考综合改革试点；2017 年，上海、浙江改革试点平稳落地后，北京、天津、山东、海南启动了第二批改革试点；2019 年，河北、辽宁、湖北、湖南、江苏、福建、广东、重庆 8 省市公布了高考综合改革方案，我国新一轮高考综合改革省份从东部沿海地区拓展到中西部地区，改革从试点阶段迈入逐步推广阶段。

2014 年开始，我承担了教育部哲学社会科学重大课题攻关项目“高考改革试点方案跟踪与评估研究”，与我的研究团队持续跟踪新高考实施情况，每年都会到浙江与上海进行考察调研。目前，项目已经顺利结题，完成了既定研究目标：一是产生了一批具有学术价值的研究成果，发表了 20 余篇学术论文；二是发挥了政策咨询功能，向教育部等部门提交了 11 份调研报告和政策咨询报告；三是形成了高考改革的研究团队，培养了高层次人才。本书作者王新凤是我 2015 级的博士研究生，本书是其博士学位论文《利益相关者视域中的新高考公平性研究》的主要内容，也是项目代表性的研究成果之一。

新一轮高考改革有三重目标：一是促进教育公平；二是科学选拔人才；三是促进学生全面发展，引导中小学教育教学改革。促进教育公平是改革的首要目标，主要改革举措包括以下三点。第一，招生计划分配向中西部人口大省倾斜，缩小省际高考录取率的差异。

这是致力于解决区域公平的重要举措，但也带来新的区域公平问题，部分省份反对的声音使得这项措施最终体现为招生计划增量的分配。第二，设立专项计划，增加农村学生上重点大学的人数。这项对农村地区学生采取的补偿措施同样带来公平问题，一方面如果重点大学扩大招生规模，则会与重点大学稳定规模、内涵发展、提高质量的目标定位相悖；另一方面如果在存量上改革，则会对属地或者其他省份的考生不公。第三，增加学生的选择权和高校的招生自主权，逐步取消录取批次，探索综合评价、多元录取。在实施过程中如何保证高中学生综合素质测评档案的公平有效，在自主招生自主录取、单独招生单独录取过程中如何保证公正透明，同样引起外界的高度关注。

本研究以浙江和上海等高考综合改革试点省份为案例，从地方教育行政部门管理者、高校招生部门管理者、中学校长和教师、学生四方面利益相关者的不同视角出发，围绕招生计划分配、考试内容、考试方式和招生录取方式四个维度研究新高考公平性问题，包括新高考公平性的评价、问题归因和政策调整的策略选择等。基本结论是，恢复高考40余年来，我国高考改革呈现注重科学性、自主性、选择性和公平性的价值取向，高考公平性的内涵逐步拓展，新高考在追求社会整体价值的同时，更加重视对弱势群体的政策补偿。但是，从不同利益相关者的视角来看，新高考改革过程中产生了新的公平性争议，比如：分省定额的招生计划分配方式的公平性，专项计划、中西部招生协作计划等补偿政策的可持续性；考试科目选择的“功利化”倾向对优秀生源和薄弱学校学生的不利影响；考试内容的能力立意、综合评价招生对弱势群体的不利影响；选考科目等级赋分的科学性、不同考试次数成绩的等值性、综合素质评价标准的统一性；等等。这些均体现出不同利益相关者价值取向的矛盾性。

从某种角度而言，每一项高考改革政策的出台，都存在不同利益群体的利益博弈；每一项高考改革举措的实施，都会引起关于公平性和科学性的争议。如何进行策略选择，已经成为高考改革政策制定、调整和实施面临的现实难题。本书提出要在尊重高考公平复杂性、利益诉求多元性和高考改革科学性等现实基础之上，提高高考改革决策的科学性；注重教考联动、高中与高校衔接，充分考虑高考政策的持续性和发展性；构建国家主导、多元参与的教育治理体系，引导理性社会舆论；等等。这些观点对上述问题予以了部分回应，为高考改革政策的制定与调整提供了科学依据与参考。

高考公平性问题与地区经济社会发展水平密切相关，在进行相关理论研究和决策论证时，要跳出教育看教育，从政治学、社会学、经济学、教育学等相关理论中寻找合适的支撑点，并在中国社会实践的基础上进行理论创新，而不能仅仅停留在相关研究验证了某个理论流派的观点的层面。本研究将社会正义理论运用到我国高考改革实践当中，力求厘清社会正义理论发展的理论逻辑与中国社会现实发展的历史脉络之间的关系，以及社会正义与公平、程序公平与结果公平之间的关系，从社群主义正义观的多元性和情境性的视角出发，分析我国高考改革的公平性问题，在丰富与拓展高考公平性的理论基础研究方面做出有益探索。

面向未来，平稳推进高考综合改革，既要在宏观层面明晰高考改革的目标、思路和策略，关注与高考招生制度改革相关的重要理论问题和现实问题，为改革提供理论支撑和政策咨询，又要结合地方和学校的高考改革实践，研究高考改革面临的操作性问题和热点问题，探索改革的实现路径和具体措施。第一，不忘初心，坚持改革方向不动摇，促进教育公平、推进素质教育、推动高校科学选拔人才；第二，因地制宜，充分考虑区域差异性，调整考试科目设置、考试次数等安排，推动改革平稳进行；第三，多元探索，高度关注改革的风险点，加强对高考综合改革的重点、难点问题的跟踪研究，广泛听取各利益相关群体的意见，进行多样化探索；第四，协同推进，完善高考综合改革保障机制，加大省级统筹力度，促进教考联动、中高衔接，形成政府与学校，考试招生与人才培养，高中教育与高等教育协同联动、整体推进的良好局面，推进高考综合改革的平稳实施。

教育改革永远在路上，高校考试招生制度公平性的改善与提高更是如此。我相信本书的出版，可以在高考综合改革的理论研究、政策制定和实践探索等方面，呈现其学术价值和现实意义。

是为序。

钟秉林

2019 年 5 月于北师大

第一章　绪论

第一节　研究缘起

高考是整个教育界乃至全社会关注的一个敏感而重大的理论与实践问题。高考为高校选拔人才，引导中小学生发展方向，实现社会阶层向上流动，具有基础性、导向性和社会控制的功能。尤其是，高考也承担着促进社会公平的重要功能。新中国成立以来，我国政府以人民为中心、保障广大人民群众的受教育权，以实践为基础拓展对马克思主义教育公平观的新认识，以促进发展为理念不断提高教育公平的水平，探索了一条中国特色的教育公平之路。[①] 教育公平程度的提高也体现在高考改革中，在不同历史时期，我国政府都将促进公平作为高考改革的价值导向之一。新中国成立之初，高校招生优先保障工农子女的入学机会；1977 以后我国高校招生实施效率优先、兼顾公平的政策，强调效率优先、择优录取；21 世纪以来，随着高等教育规模的扩张，在普遍增加人民群众受教育机会的同时，高考改革强调对弱势群体的补偿，着力促进城乡公平、区域公平。

党的十八大以来，习近平总书记将公平正义贯穿于治国理政的全过程，鲜明揭示公平正义的价值追求，形成了关于公平正义重要论述的内在逻辑和基本理论，是新时代中国特色社会主义思想的重要组成部分，为完善新时代高考公平观明确了方向。在国家深化教

① 胡娟：《中国共产党的教育公平观》，《中国教育学刊》2019 年第 9 期，第 6 ~ 10 页。

育体制改革的背景下，在我国高考综合改革深入实施的过程中，加强对高考公平性问题的研究，并提出相应的对策建议与实践路径，恰逢其时。

一 历久弥新的难题

高考制度一直被视为最公平的人才选拔制度。新中国成立以来我国在保障高考公平方面的成效也值得肯定，但是因为我国教育资源分布的差异确实客观存在，再加上公平与效率的关系、公平性与科学性的关系、公平的主观性与发展性的关系等一直是争议点，高校招生计划的分配、考试的内容与形式、招生录取方式的公平性问题也一直存在。

公平与正义是一个社会制度首要的价值导向，如罗尔斯所言，社会制度只要是不正义的，即便是有效率和有条理的也必须加以改造和废除；正义具有不可侵犯性，即便是以社会整体利益的名义也不能超越。[①] 高考，作为一种高等教育入学考试制度，公平与公正是其首要的价值导向。高考一直是全社会关注的焦点，高考改革问题具有重要的现实意义。从 1977 年恢复高考以来，对高考制度的改革和思考从未停止：高考的指挥棒作用，使基础教育领域的改革步履维艰；分省命题、分省划定招生分数线，使得高考在地域上存在不公平问题；社会处境不利的学生通过高考实现社会阶层流动的机会越来越少，农村学生上重点高校的比重在减少；为高校提前选拔创新性人才而设置的自主招生，为特殊学生加分的制度，因为缺乏客观的评价标准和监督体系，而存在权力寻租的可能；城市流动人口的大规模增加和传统的户籍制度形成的异地高考问题；等等。这些问题不仅损害了教育公平，也冲击了社会公信力，使社会对高校考试招生制度以及教育系统内部治理都提出了质疑。

当前，我国以公平为重要目标的高考改革政策在实施过程中也

① 〔美〕约翰·罗尔斯：《正义论》，何怀宏等译，中国社会科学出版社，1988，第3页。

存在公平性质疑，利益相关者对优质高等教育资源的诉求成为矛盾焦点。2014 年，国务院印发《国务院关于深化考试招生制度改革的实施意见》，国家和地方层面的高考改革方案陆续颁布实施。同年，浙江和上海启动首轮高考综合改革试点工作，2017 年山东、北京、天津、海南两省两市加入第二轮高考综合试点改革。促进教育公平、科学选才、促进学生全面发展是新高考改革的三重目标，改革中采取多项措施促进高考的区域公平、城乡公平、考试公平。但是旨在促进教育公平的改革在实施过程中依然存在很大的争议，如高考综合改革试点省份[①]选考科目中存在的“田忌赛马”现象等，都亟待从社会公平与正义的立场给予解释。2017 年 8 月，浙江、上海结束高考招生录取工作，第一批经历新高考的学生进入大学校园，高考综合改革试点平稳落地。那么，新高考改革实施的状况如何，尤其是经历新高考改革的利益相关者对新高考的公平性如何评价，成为本研究关注的焦点。

高考政策实施的公平性是教育公平的重要体现，从利益相关者视角分析高考公平，是解读当前我国社会结构及利益分配格局的突破口。教育公平所反映出来的问题，是对社会问题、社会矛盾的集中反映，教育公平也是社会公平的重要内容。我国当前正处于社会转型期，社会财富增长的同时伴随的是社会阶层的进一步分化、社会矛盾和社会冲突的激化。习近平总书记在十九大报告中指出，“我国社会主要矛盾已经转化为人民日益增长的美好生活需要和不平衡不充分的发展之间的矛盾”。反映在高等教育领域，就是人民群众接受优质高等教育的需求与优质高等教育资源供给不足和不均衡之间的矛盾。高考，长期以来都是社会处境不利群体的子女向上流动的社会阶梯，高考制度的不公平性也成为社会冲突爆发的出口。在当前社会阶层分化加剧、各方利益重组的过程中，以高考改革利益相关者的视角为切入点，分

① 本书所称省份包括省、自治区、直辖市。

析高考制度每个环节涉及的利益相关者的冲突、博弈以及政策制定者的权衡，是解读当前我国社会结构及利益分配格局的突破口。高考改革政策制定和实施的过程中是如何调和各方利益的？学生希望获得个人的发展，家长希望实现阶层的向上流动，中学希望有更好的高考成绩，高校希望招到优质的生源以保证教育教学的质量，国家希望选拔精英人才实现精英治国……这些不同的利益诉求在有限的高等教育资源面前，能够得到调和吗？新的高考制度设计怎么调和这些需求？回应这些问题，是本研究的目的之一。

关注我国高考制度的公平性，是笔者研究兴趣与领域的进一步延伸和拓展。笔者 2004 年完成的硕士学位论文通过案例分析发现，我国高等教育在入学机会上存在比较明显的阶层差异：不同家庭背景的学生在不同级别的学校、不同类型的专业中的分布比例存在差异；高等教育机构扩招之后，社会处境不利群体的子女在优质高等教育资源的获得上依然处于劣势。这个观点在后来的研究和政策文件中也得以验证。但是当时对教育机会均等问题的思考，更多从社会场域中各利益群体的分配格局和分配规则的角度分析，并没有涉及高考制度本身设计的问题。本研究在笔者导师钟秉林教授领衔承担的教育部哲学社会科学重大课题攻关项目——“高考改革试点方案跟踪与评估研究”的基础上，从浙江、上海等高考改革试点省份利益相关者的视角，关注我国新高考改革的公平性问题，在当前宏观的社会背景和特定的高等教育发展阶段，重新思考高等教育机会均等问题。

总之，公平问题，从来就没有绝对的答案。那么，什么是公平？在我国当前的社会背景下，各利益相关者的公平诉求是什么？他们如何在高考环节实现利益博弈？教育政策制定者最终又依据什么样的原则达成平衡？以利益相关者各自的公平诉求与感知为切入点，直面和解读高考背后的这种复杂性，进而对高考改革的政策制定提出建议，是本研究的基本落脚点。

二 重新思考的价值

本研究关注的是利益相关者视域下新高考政策的公平性，主要包括三个问题：一是高考公平吗？关注利益相关者对新高考改革的公平性评价。二是为什么不公平？对新高考的公平性问题进行归因，分析各种利益诉求冲突的原因。三是如何更公平？从利益相关者视域融合的角度提出促进高考公平性的对策建议。而这三个问题，都是立足于新高考政策制定和实施过程中的主要利益相关者的视角，在他们的价值判断的基础上进行新高考公平性的理论建构。具体来说，主要以浙江和上海等高考综合改革试点省份为案例，在这些地区教育行政部门管理者、高校招生部门管理者、中学管理者和教师、学生四类利益相关者的视域下，围绕招生计划分配、考试内容、考试形式和招生录取方式四个维度，研究新一轮高考改革的公平性问题、问题归因和政策调整的策略选择。

2014 年以来，浙江和上海经过三年的实践探索，新一轮高考改革在 2017 年 8 月平稳落地，第一届经历新高考的高中生进入大学深造，同时山东、北京、天津、海南两省两市启动第二轮改革试点。2019 年 4 月 23 日，河北、辽宁、江苏、福建、湖北、湖南、广东、重庆相继发布了本省份高考综合改革实施方案，高考综合改革从东部省份试点，然后扩展到中部省份，改革即将在全局意义上展开。但是浙江和上海启动新高考改革以来，批评与质疑的声音此起彼伏，尤其是新高考制度的公平性与科学性受到质疑，新高考是否可示范、可推广、可借鉴亟待做出政策评价。

本研究通过追踪新高考改革的实施情况以及由此引发的新问题，从亲历新高考的利益相关者的角度对新高考的公平性进行评价，具有一定的实践价值：一是为新高考改革的科学决策提供依据。研究结果可以为教育行政部门判断改革发展全局、及时进行政策微调提供依据，避免新高考改革的问题和发展方向的偏离。二是为新高考改革的有效执行提供依据。研究期望有助于考试机构、高校、中学这些政策执行者客观认识新高考改革的方向，坚持以育人、选拔和公平为目标，避免改革过程中因功利化倾向而背离高考改革的初衷。三是为新高考改革营造良好舆论环境。研究期望能促进社会大众对新高考的合理认知，促进行政部门、高校、中学、学生、家长、媒体等多方广泛参与，理性认识高考改革，为新高考营造有利的社会舆论。

从学术研究角度来讲，高考公平乃至教育公平问题一直是人们关心的话题。在新的宏观社会和教育改革背景下重新和进一步思考高考公平问题，是对社会正义理论在中国本土环境下的检验与深化，是对我国高考制度改革、高等教育入学机会均等、教育公平以及深化教育综合改革方面研究成果的丰富。选题的理论价值主要体现在如下两个方面。一方面，选题可以弥补现有研究的不足。新高考改革启动以来，我国学者对高考改革的研究文献骤然增加，高考改革成为当前最热门的研究主题之一。但是同时也应该意识到，目前新高考公平性问题更多是社会舆论关注的焦点，而在实证研究基础上的深度追踪与系统评价的研究文献数量并不多。[①] 本研究在相关课题项目基础上，关注新高考的公平性问题，无论是在数据的获得上，还是在对多方利益群体的关注度上，都具有一定优势，有望弥补新高考研究的不足。另一方面，选题是对社会正义理论的验证和教育公平理论的拓展。教育公平领域的理论研究成果丰富，以罗尔斯为代表的社会正义理论，多是建立在西方社会实践基础上的。本研究运用质性研究的方法，在中国社会实践基础上，以高考改革为切入点研究教育公平问题，既可

① 王新凤：《观点、数量、方法——恢复高考40年来高考政策公平性研究述评》，《考试研究》2018年第1期，第49～54页。

以验证西方社会正义理论在中国的适恰性，又可以拓展教育公平理论的适用范围。在一定程度上可以说，运用扎根理论方法分析社会利益相关者的公平观，是在中国社会实践经验基础上对社会正义理论和教育公平理论的丰富和拓展。

第二节 他山之石

一 高考公平

（一）概念界定

国内学者对高考公平概念的阐述可以分为五类：一是系统论说，将高考置于教育系统之中来考虑，考察高考公平的各种变量之间的关系；二是因素论说，分解高考及影响高考公平的主要因素，包括考试内容与方式、考试结果与录取、招生计划等；三是性质论说，从高考公平的属性出发，从个人、教育、社会公平的角度解读高考公平，或者将高考公平分为程序、条件与事实公平①；四是矛盾论说，强调高考自身的矛盾性，从辩证角度剖析这种矛盾性；五是状态论说，将高考公平划分为个体权利、国家治理、考试技术、社会影响等层面，将高考公平定义为“国家根据一定历史阶段的发展需要，基于现有社会条件与考试技术，按照合理性的规范和原则，对高等教育入学机会进行分配的一种实然状态”②。

不同的概念界定有其优点，也存在一定局限性，比如系统论说强调了影响高考公平的各种因素，但存在将高考公平泛化的倾向；因素论说强调高考活动本身，但容易忽略外部因素的影响；矛盾论说受制

---

① 王俊武：《考试公平内涵、现状及对策探究》，《中国考试》2011 年第 5 期，第 53 ~57 页。

② 王后雄、李佳、李木洲：《高考公平的内涵及属性》，《中国教育学刊》2012 年第 5 期，第 31 ~35 页。

于方法论的局限，难以达成共识。西方学者威灵汉姆和柯尔（Willingham 和 Cole，1997）等将考试公平界定为包括可比性、过程性、参与者和情境性四个因素的概念框架，并将可比性作为考试公平的核心原则。[①] 本研究倾向于接受因素论、状态论说，以及威灵汉姆和柯尔的四个因素的说法，从利益相关者的角度对新高考政策和影响新高考政策的主要因素进行分析，关注新高考在招生计划分配、考试内容、考试方式、招生录取方式四个环节的公平性问题，注重在与研究对象互动的情境之中，从参与者的视角来评价新高考的可比性的问题。

（二）基本属性

由于高考公平的多义性和不确定性，高考公平具有多重属性特征。现有研究可以分为泛化属性论和特殊属性论，前者关注广泛意义上的公平属性，后者强调高考公平属性的特性。

泛化属性论是指，国内学者在总结高考公平历史性、相对性、主观性、矛盾性、系统性和理想性六种属性的基础上[②]，又增加了客观性和不充分性[③]，发展为八种属性。历史性，是指高考公平会随着社会的发展变化而产生新的内涵；相对性，是指高考公平必须承认应试者个体差异的前提条件；主观性，是指人们对高考公平进行评价产生的心理感受和体验是主观的；客观性，是指应试者接受考试评价、筛选甄别等外在尺度的一致性是客观的；不充分性，是指因为制约高考公平的客观现实发展水平的局限性而使高考公平的实现程度不充分；矛盾性，是指关于高考公平的诸多问题蕴含在复杂、对立的关系中；系统性，是指高考公平受到内部系统运行要素和外

---

① Song，Xiaomei.，and Queen's University. Education. *Test Fairness in a Large-Scale High-Stakes Language Test*，pp. Dissertation Abstracts International 75 - 12A（E）.

② 王后雄、王世存：《不同利益群体对高考制度公平性认同度的调查与分析》，《教育测量与评价》（理论版）2011 年第 9 期，第 4 ~ 18 页。

③ 王后雄、李佳、李木洲：《高考公平的内涵及属性》，《中国教育学刊》2012 年第 5 期，第 31 ~ 35 页。

部系统影响因素的双重作用，根本目标是实现系统内外的和谐发展；理想性，是指完全的高考公平是高考改革的理想追求，具有超现实性。

特殊属性论是指，国内学者将高考作为程序正义的一种教育制度设计，认为高考公平具有特殊性。其一，高考公平是程序公正而非结果平等。即使高等教育进入大众化阶段，高等教育资源的分配也只能依赖于程序公正，保证每个人平等参与选拔和分配，无法做到结果公正。其二，高考公平是机会均等而非利益平均。我国现阶段的高等教育受教育权不属于基本权利，高考基于能力标准对高等教育资源进行分配，强调的是机会均等，而不是现实教育利益的平均化。其三，高考公平是相对公平而非绝对公平。由于外部政治、经济和社会文化发展水平的制约，教育发展的城乡、区域、校际差异仍较明显，高考是在坚持程序公正的前提下，维护社会群体教育利益基本平衡的相对公平。①

关于高考公平属性的两种论述，“泛化论”对高考公平的分析比较全面，但对其属性的界定过于宽泛；“特殊论”在相对性这一点上与泛化论是相同的，而将高考公平界定为程序公正和机会均等，更能凸显高考公平的特殊性。本研究对高考公平属性的分析，主要建立在利益相关者评价的基础上，包括对高考公平进行广泛意义上属性特征的分析，也包括对其特性的论述，强调高考程序公平。

（三）问题与归因

我国学者对高考公平问题的争论焦点主要集中在以下方面：一是考试公平与区域公平，包括招生计划的分配和录取分数线是否存在明显的地域差异。二是高考的公平与效率，包括统一招生和自主招生是否能够为高校选拔优秀的人才，是否会存在家庭背景、城乡、

---

① 张和生、余军民、郑岱：《高考公平指数的建构与测评——以湖南省为例》，《北京大学教育评论》2013 年第 1 期，第 29～42 页。

民族和区域之间的差异。三是考试内容的科学与公平，高考命题是否能够科学有效地将学生的学业水平区分开来，而且是否存在对城乡和不同家庭背景、性别、民族和区域的学生的不公平，分省命题是否以形式的公平掩盖了区域不公平。四是高考与社会流动的关系，高考是否限制了社会阶层向上流动的速度或者规模，外来务工人员子女应该在流入地参加高考还是返回原籍参加高考。五是考试过程的管理是否公开、公平、公正。总之，从研究者视角来看，高考公平的各个因素和环节都可能存在公平性的争议。

导致高考不公平问题的原因，不仅在于教育本身，而更多来自社会、经济、政治、文化和制度的因素。研究者对影响高考公平问题的归因包括：一是社会结构失衡。中国社会存在的城乡二元结构，以及因此而形成的制度性差别[①]，是影响高考公平问题的结构性原因。二是社会治理方面。我国缺乏一套完善的信用制度和约束制度，考试法制化建设滞后，高考受制于计划经济与市场经济体制，招生由政府指令性计划和统一划线录取，高校很难按生源状况分配指标。高考公平问题成为社会有序监督体制的具体表现。[②] 三是资源分配不均。我国东西部、城乡、不同省份高等教育资源分布不均衡，资源稀缺且有优劣之分，高考作为教育资源的再分配机制，资源稀缺性是高考公平问题的物质条件根源。[③] 四是制度设计缺陷。有研究总结高考考试公平设计的五大局限和招生公平设计的四大缺陷，前者包括一考定终身、以笔试为主忽略综合素质、试题选择忽略考生家庭背景、主观性试题评分的误差、考试作弊难以根除；后者包括倾斜的分数线、分科招生有差距、录取标准多重化、名目繁

① 吴德平：《社会流动视角下的高考录取公平问题初探》，《中国考试》2012 年第 1 期，第 57 ~ 63 页。

② 赵海飞：《对公平推进我国高考改革的几点思考》，《教育现代化》2015 年第 12 期，第 69 ~ 72 页。

③ 张和生、余军民：《高考公平问题的社会归因探析及对策研究》，《教育测量与评价》（理论版）2010 年第 12 期，第 42 ~ 46 页。

多的加分政策。[①] 五是高考功能异化。在传统文化和体制环境的历史惯性下，高考被烙下了深刻的科举制印记，不再仅是人才选拔机制更是改变人生命运的重要途径，自主招生、加分政策、分省命题、高校扩招等改革在实现改革愿景的同时也被质疑伤及社会公平。[②] 高考成为社会阶层晋升的阶梯、实现社会公平的重要途径，成为全民不能承受之重。

本研究在以往研究文献对高考公平的概念、属性、问题及归因的研究基础之上关注新高考公平性的问题与归因，主要是在新高考利益相关者的视域中构建新高考的公平性。在概念上倾向于接受因素论说，同时强调利益相关者的参与性和公平的情境性；在属性上融合泛化的属性论与特殊的属性论，强调程序公平；在问题与归因方面，主要聚焦于新高考实践过程中出现的公平性问题，并在改革情境中对之加以分析。

二 新高考的公平性

新高考并不是一个新概念。以“新高考”为篇名关键词搜索中国知网 1977 年以来的相关文献，截至 2018 年底共搜到相关文献 1135 篇。1991 年出现首篇以“新高考”为题的研究[③]，将当时国家教育委员会关于高考科目设置等方面的引起传统高考模式与秩序变化的改革称为“新高考”。2007 年，关于新高考的研究文献骤然增加，研究者将由新课改催生的高考改革称为新高考，尤其是指广东、山东、海南、宁夏、江苏五省份的新高考方案。[④] 对新高考的

---

① 李木洲：《高考公平的元思考》，《国家教育行政学院学报》2012 年第 8 期，第 29 ~ 33 页。

② 李木洲：《高考公平的元思考》，《国家教育行政学院学报》2012 年第 8 期，第 29 ~ 33 页。

③ 张亚南：《即将迈出的一步—谈新高考》，《中学地理教学参考》1991 年第 Z1 期，第 95 页。

④ 熊德明：《新课程 · 新高考 · 新希望——五省区高考新方案述评》，《湖北招生考试》2007 年第 4 期，第 21 ~ 25 页。

研究文献数量在2014年以后才出现大规模的增长（见图1-1），研究者将新一轮高考改革称为“新高考”。总之，研究者将改革之后的高考模式称为“新高考”，本研究“新高考”的概念是指我国2014年以来的高考综合改革。

随着浙江、上海启动高考综合改革试点工作，对“新高考”方案的公平性进行前瞻性评估的研究增多，包括国家层面的纲领性文件①、全国各省市改革方案②、英语科目改革方案③等。研究者认为，新高考方案致力于从形式公平走向实质公平④，致力于建立招生关系主体之间新的公平关系⑤。按照本研究对高考公平的概念界定，笔者从招生计划分配、考试内容、考试方式、招生录取方式四个维度进行文献梳理。

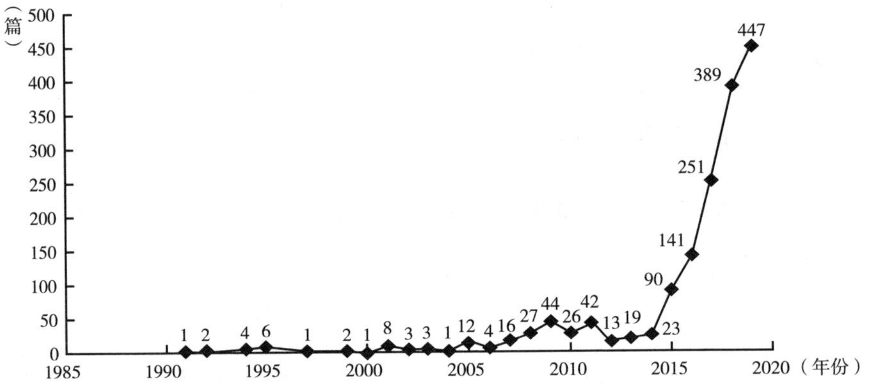

图1-1　1991~2018年中国知网“新高考”相关文献数量变化趋势

① 姜钢：《〈实施意见〉：我国新一轮高考改革的纲领性文件》，《中国考试》2017年第2期，第1~4页。

② 边新灿、陈蓉：《全国30个省新一轮高考改革方案比较》，《中国考试》2017年第3期，第12~18页。

③ 贾凡、王立非：《新一轮高考英语科目改革的教育政策决策影响因素研究》，《外语测试与教学》2016年第3期，第1~10页。

④ 金晓明：《高考改革：从形式公平走向实质公平——推进新高考改革的思考与建议》，《浙江工业大学学报》（社会科学版）2015年第4期，第430~434页。

⑤ 应朝帅：《招生公平新探索：促进招生关系主体间的公平——浙江高考改革方案评析》，《中国高教研究》2016年第5期，第41~45页。

（一）招生计划分配的公平性

新高考招生计划分配的公平性主要包括招生计划分配分省定额政策以及致力于促进区域公平与城乡公平的“支援中西部地区招生协作计划”（以下简称“协作计划”）和“重点高校面向农村和贫困地区招生专项计划”（以下简称“专项计划”）的合理性与可行性问题。

关于招生计划分配分省定额政策的公平性问题，钟秉林认为，国家招生计划编制和管理作为国家综合决策受制于各省份报考人数、基础教育水平、高校办学能力等各种因素，当前我国政府调节招生计划分配主要采用的是扩大优质教育供给、在增量中动态优化的策略，对于缩小区域教育差异、促进区域教育公平、对各省份高考升学率有重要影响。[①] 王浩建以各地区和全国的考生总数、高校招生总计划名额为基础，构建了高校招生名额分配的模型，并对模型的实用性进行了检验。[②]

新高考在招生计划分配方面的改革措施的积极意义首先受到我国学者的肯定，他们认为新高考实施的各项举措致力于促进区域间、城乡、校际和群体间考试招生机会的公平。[③] 张小萍等通过分析“985 工程”高校计划招生数据发现，协作计划实施以来，大幅度增加了中西部地区考生接受优质高等教育的入学机会。[④] 但是在改革措施实施的过程中也面临多重困境：一是异地高考政策方案尤其是京沪粤方案的出台引发广泛的公平性争论[⑤]，研究者认为异地高考方案

---

① 钟秉林：《科学认识招生计划管理正确看待区域教育公平》，《中国教育报》2017 年 5 月 11 日，第 3 版。

② 王浩建：《兼顾效率与公平的高考招生名额分配模型研究》，硕士学位论文，北京师范大学，2013。

③ 冯虹、杨玉茗、田添：《计划分配方式改进对考试招生机会公平的意义》，《天津师范大学学报》（基础教育版）2015 年第 2 期，第 51 ~ 54 页。

④ 张小萍、张良：《中国高校“支援中西部地区招生协作计划”实施成效分析》，《清华大学教育研究》2015 年第 3 期，第 48 ~ 56 页。

⑤ 杨智丽：《从教育公平的视角探析异地高考政策》，《基础教育研究》2015 年第 1 期，第 10 ~ 12 页。

设计没有实现政策目标，难以平衡各方利益，有地方保护主义倾向等①。二是协作计划如何确定科学合理的指标分配计划，如何处理考试公平与区域公平的矛盾，如何实现优质高等教育资源分布的均衡发展，存在制度和现实层面的困境。② 三是专项计划会在一定程度上造成反向歧视；不排除一些考生为了得到专项计划的支持而进行高考移民，这种现象的出现违背政策制定的初衷③；专项计划一般是贫困地区一本上线生的额外福利，这一福利会造成一本上线生与成绩一般学生在高考招生中的两极分化④；通过专项计划进入大学的学生与其他同学之间会有学习效果的差异，从而影响教育公平⑤。研究者认为，专项计划无助于改善贫困地区基础教育落后的现状和贫困地区人才匮乏等问题，因此需要统筹考虑，只有改善贫困地区基础教育条件才能从根本上解决问题。

（二）考试内容的公平性

新高考考试内容的公平性，包括考试科目设置的公平性与考试命题的公平性。

李立峰认为，考试科目设置的公平性体现在应对每个考生的有利性相对平等，使每个考生都能站在相对平等的起点上参加竞争，不存在文化背景、性别和城乡差别等歧视，不对某些人特别有利而对其他人特别不利。⑥ 已有研究对新高考考试科目设置的公平性的质

---

① 郑若玲、郭振伟：《异地高考政策的公平诉求与困境：以上海市为例》，《全球教育展望》2016 年第 10 期，第 67 ~ 77 页。

② 李木洲、叶晓芳：《化解高校招生公平冲突的困境与出路》，《重庆高教研究》2017 年第 2 期，第 22 ~ 29 页。

③ 秦一鸣：《教育公平视野下国家扶贫定向招生专项计划政策初探》，《学园》2015 年第 22 期，第 3 ~ 5 页。

④ 唐汉琦：《重点高校面向贫困地区定向招生专项计划的政策反思》，《考试研究》2015 年第 2 期，第 13 ~ 18 页。

⑤ 陈·巴特尔、李双龙：《教育公平与程序正义——高考招生“专项计划”政策的两难选择》，《现代教育论丛》2017 年第 1 期，第 2 ~ 6 页。

⑥ 李立峰：《高考科目与内容改革中的公平问题》，《医学教育探索》2003 年第 1 期，第 13 ~ 15 页。

疑包括：一是考试科目的城乡公平问题。科目改革在一定程度上存在隐性的公平问题，比如外语听力考试使得农村考生在高考竞争中处于不利地位。[①] 二是考试科目选择性与公平性的矛盾。1999 年以来的“3 + X”考试改革，在增加考生的选择性的同时，对选考难度大的科目的学生不公平，考试分数存在不可比性的问题。[②] 三是考试科目的文科偏向，导致隐性的教育不公平，表现为文化资本转化为分数的可能性降低了高考公平性；社会处境不利群体的子女因文化资本数量和质量处于劣势而处于不利地位；男生因占有和激活文化资本的类型结构不适应“文科偏向”的游戏规则而处于劣势。[③] 这种文科偏向在新高考改革中更加突出，国内学者担心理科科目价值被低估。[④]

考试命题的公平性质疑包括：一是考试内容的能力立意带来的公平问题。主观题型的增加使得考试阅卷标准难以统一而难以保证考试的公平性；考试内容的能力立意使处于中下阶层的考生因为信息资源的不对称而处于劣势；自主命题和考试命题的地域特色对其他地域的学生不公平[⑤]；考试内容的城市化倾向对落后地区及农村考生不利，能力考察的公平性不足成为高考内容改革的弊病[⑥]。二是分省份命题带来的公平问题。高考分省份命题使得命题质量与科学性受到质疑，泄题的可能性增加，各省份不同考生真实水平难以区分等。[⑦]

---

① 郑若玲：《高考改革困境与突破：苦旅何以得纾解》，江苏教育出版社，2011，第 41 页。

② 郑若玲：《高考改革困境与突破：苦旅何以得纾解》，江苏教育出版社，2011，第 44 页。

③ 王金娜：《高考统考科目的“文科偏向”与隐性教育不公平——基于场域 – 文化资本的视角》，《教育发展研究》2016 年第 20 期，第 8 ~ 14 页。

④ 董秀华、王薇、王洁：《新高考改革的理想目标与现实挑战》，《复旦教育论坛》2017 年第 3 期，第 5 ~ 10 页。

⑤ 郑若玲：《高考改革困境与突破：苦旅何以得纾解》，江苏教育出版社，2011，第55 ~ 58 页。

⑥ 李木洲：《高考改革的历史反思》，华中师范大学出版社，2016，第 133 页。

⑦ 张海生：《高考分省命题的问题及其对策研究——以教育公平为视角》，《巢湖学院学报》2014 年第 4 期，第 115 ~ 118 页。

（三）考试方式的公平性

国内学者在分析浙江和上海两地高考综合改革方案的基础上，认为新高考改革从形式公平走向内涵性公平，是一种实质性公平，尤其表现在强调学生的自主选择性，在考试次数、考试时间、考试类型等方面为学生提供多次选择机会，满足学生的兴趣特长。[①] 高考考试形式的公平性质疑主要来自考试次数和考试成绩的计分方式。

新高考改革选考（等级性）科目采取等级赋分制，其公平性受到质疑：一是等级赋分制下学生获得最高等级的群体比例过高，区分度有限，降低了学生考试成绩排序的精确程度；二是等级赋分制区分度减弱将强化语数外成绩的区分度，造成新的“唯分数论”[②]；三是等级赋分制使处在临界分数点处的学生成绩差距拉大，增加了考试压力[③]。推进考试标准化改革，实施标准分制度在解决计分方式公平性问题上具有明显优势，但是国内学者认为在多种制度变迁逻辑中，标准分制度难以满足不同利益主体的诉求[④]，呈现治理的困境。

也有研究者认为新高考增加考试次数，因为每次考试群体的规模、考生群体的分布不同，高分考生会再次参加考试，都会影响考生的成绩和排名位置，继而造成考试不公平。[⑤] 总之，不同群体考生、不同学业水平测试科目成绩如何纳入录取体系是能否体现公平

---

① 金晓明：《高考改革：从形式公平走向实质公平——推进新高考改革的思考与建议》，《浙江工业大学学报》（社会科学版）2015 年第 4 期，第 430～434 页。

② 李静：《浙江省新高考科目改革的影响及其因应》，《教育与考试》2017 年第 2 期，第 26～31 页。

③ 刘盾：《新高考改革之现实审思与理论分析——以考试科目、次数及赋分方式为重点》，《复旦教育论坛》2017 年第 3 期，第 11～17 页。

④ 章建石：《一项公平与效率兼备的高考改革为什么难以为继？——标准分制度的变迁及其折射的治理困境》，《北京师范大学学报》（社会科学版）2016 年第 1 期，第31～41 页。

⑤ 刘盾：《新高考改革之现实审思与理论分析——以考试科目、次数及赋分方式为重点》，《复旦教育论坛》2017 年第 3 期，第 11～17 页。

与科学的关键，应从数据分析角度探究解决不同考试科目和计分方式科学性与公平性的问题。

（四）招生录取方式的公平性

新高考招生录取方式的公平性包括招生录取的区域公平、综合素质评价的科学与公平及加分项目的公平性等。

一是招生录取的区域公平。研究者认为，不同地域之间“倾斜的分数线”以及招生的属地化倾向，是影响高考招生录取公平性的最大问题①，尤其是重点高校入学机会分配不均，部属高校招生名额分配不合理②。针对这个问题，近年来教育部等部门出台了专项计划，但有学者认为，这一政策本身就是对教育公平的破坏，同时通过该政策录取的学生因学习基础差而难以保证教育质量。③ 致力于促进缩小中西部地区录取率差距的协作计划这一“公平导向”改革引发“不公平的质疑”。④

二是综合素质评价的科学与公平。在社会诚信机制、综合评价技术、教育评价范式尚未发生根本性转变的情况下，将综合素质评价结果作为高考录取参考，会在一定程度上影响高考的权威性。⑤ 综合素质评价本身的客观性和公平性、综合素质评价部门和主体能否经得住公平的考验，以及综合素质评价是促进还是妨碍区域公平都还未知⑥。有研究者以师生认可度为衡量标准进行问卷调查后发现，

① 郑若玲：《高考改革困境与突破：苦旅何以得纾解》，江苏教育出版社，2011，第91～94页。

② 李木洲：《高考改革的历史反思》，华中师范大学出版社，2016，第228～230页。

③ 陈·巴特尔、李双龙：《教育公平与程序正义——高考招生“专项计划”政策的两难选择》，《现代教育论丛》2017年第1期，第2～6页。

④ 郭斌：《“公平导向”引发“不公平的质疑”——基于高考生源调控相关政策的分析》，《教学与管理》2017年第9期，第23～26页。

⑤ 李木洲：《高考测试制度改革的历史反思——基于制度变迁的视角》，《国家教育行政学院学报》2014年第3期，第58～63页。

⑥ 李鑫：《实行综合素质评价有利于推进教育公平吗？——针对当前高考改革政策的研究分析》，《教育理论与实践》2017年第17期，第20～22页。

试点地区高中综合素质评价认可度不高。[①] 甚至有学者认为一张试卷或许会更加合理公平。[②]

三是高考加分政策的公平性。高考加分政策名目繁多、标准不一、受益主体泛化、权力配置分散，遭遇公平性危机。[③] 因此，新高考开始规范和减少高考加分项目，研究者从我国高考加分政策的宪法规制的视角，认为取消奖励性加分、补偿性加分不构成录取的决定性因素，则能实现受教育者平等权与高校科学研究自由的均衡[④]。有研究者关注高考优惠政策"瘦身"之后少数民族高考优惠项目如何规范的问题，认为以民族身份为标准造成民族间的不平等[⑤]；鉴于因此带来的"反向歧视"问题，研究者提出需要用差别化思维规范少数民族高考加分政策[⑥]。

三　利益相关者视角

从利益相关者视角对高考问题的关注包括两个方面：利益相关者对高考政策的影响；利益相关者作为评价主体对高考政策的评价。

（一）作为影响因素的利益相关者

将利益相关者作为高考影响因素的研究，包括从利益相关者的角度考察高考政策变迁、高考政策的公平性以及异地高考政策等，各方利益诉求是影响高考政策的重要因素。

---

① 凌浩、孙玉丽：《新高考后普通高中综合素质评价师生认可度分析——以宁波市为例》，《上海教育科研》2017 年第 6 期，第 14 ~ 17 页。

② 渝文、徐万佳：《莫让"素质测评"损害了高考公平》，《教育与职业》2012 年第 22 期，第 93 页。

③ 李木洲：《高考改革的历史反思》，华中师范大学出版社，2016，第 213 ~ 218 页。

④ 管华：《我国高考加分政策的宪法规制》，《南京师大学报》（社会科学版）2019 年第 3 期，第 106 ~ 115 页。

⑤ 敏琦：《我国少数民族高考优惠政策的实施现状及优化策略——基于高考加分"瘦身"背景》，《黑龙江民族丛刊》2018 年第 5 期，第 183 ~ 186 页。

⑥ 传发：《中国少数民族教育优惠性差别待遇研究——兼从反向歧视的视角分析少数民族高考加分政策》，《思想战线》2017 年第 5 期，第 48 ~ 58 页。

一是从利益相关者的角度考察高考政策变迁。李骏认为，我国高考政策经历了从国家主义向利益相关者视角的转化，国家、高校和考生的有限理性选择，多方利益的博弈是高考政策变迁的基础和动力[①]；高考政策变迁的过程是各方利益诉求冲突、调整、阶段性均衡交互进行的过程[②]，各方利益格局处于动态发展的过程中。

二是从利益相关者的角度分析高考政策的公平性。李骏等认为，高考政策公平性应该以合法性、合理性、现实性为基础，科学界定各利益相关者的权益，建立多元利益主体的政策参与、利益协商机制。[③] 朱永坤将“利益相关者缺席”作为影响教育政策程序公平的重要因素。[④] 高考标准分制度在分数评定的准确性、人才选拔的效率及保障形式公平方面有明显优势，但难以满足各利益相关者的诉求[⑤]，折射出高考改革难以兼顾公平与效率的困境。

三是从利益相关者的角度考察异地高考政策。刘惠认为流动人口及其随迁子女、生源输入省份居民、中央政府、生源输入省份政府、生源输出省份政府、生源输入省份高中、高校七大主体构成“异地高考”利益相关者，随着政策推演，异地高考利益相关者内部也呈现利益的分化与流动。[⑥] 曹晶认为，异地高考政策是政府打破户籍地高考的制度安排，重构随迁子女、当地考生教育利益格局的过程，建立异地高考政策执行的监督机制，利益相关

① 李峻：《高考政策：从“国家主义”到“利益相关者”——基于新制度主义的演变路径》，《改革开放与中国高等教育——2008 年高等教育国际论坛论文汇编》，2008，第 9 页。

② 李峻：《我国高考政策变迁研究》，博士学位论文，华中科技大学，2009，第 64 页。

③ 李峻、张应强：《我国高考政策变迁研究——基于“利益相关者理论”的分析》，《高等教育研究》2010 年第 7 期，第 52 页。

④ 朱永坤：《利益相关者缺席——影响教育政策程序公平的重要因素》，《教育科学研究》2010 年第 8 期，第 9 ~ 13 页。

⑤ 章建石：《一项公平与效率兼备的高考改革为什么难以为继？——标准分制度的变迁及其折射的治理困境》，《北京师范大学学报》（社会科学版）2016 年第 1 期，第31 ~ 41 页。

⑥ 刘惠：《我国“异地高考”问题的利益相关者分析》，《上海教育科研》2014 年第 9 期，第 22 ~ 25 页。

者沟通协商机制，扩大利益供给，实现多方利益均衡是实现利益均衡的途径。[①]

（二）作为评价主体的利益相关者

越来越多的研究者注重从利益相关者的角度进行教育政策评估，有研究者尝试以量化方式评价高考制度的公平性，构建高考公平性评价指标。[②]

一是关注作为政策目标群体的利益相关者的评价。郑若玲、郭振伟通过对上海本地和外来人口的访谈调查，对上海异地高考政策方案进行评价，认为政策难以平衡各方利益，政策目标与对象需求不一致，政策缺乏顶层设计。[③] 李新亮在对我国不同历史时期高考加分政策目标与利益相关者的诉求符合程度进行分析的基础上，对当前我国高考加分政策的实效性进行调查分析，针对政策变异或失败进行归因分析，进而提出改进加分政策有效性的政策建议。[④] 高岳涵对政策的受益群体与非受益群体进行比较研究，通过对案例高校的少数民族学生和汉族学生进行问卷调查，分析少数民族高考加分政策的实施效果。[⑤]

二是关注利益相关者对高考政策的公平性评价。张和生等提出了“高考公平指数”的概念，从高考制度及其政策、考试招生实施过程、招生入学结果的公平性三个维度构建了高考政策公平性的指标体系，将其作为判断高考公平的认可度和满意度的量化形式，并

---

① 曹晶：《利益相关者视角下的“异地高考”政策执行研究》，《教育理论与实践》2016 年第 11 期，第 9～12 页。

② 张和生、余军民、郑岱：《高考公平指数的建构与测评——以湖南省为例》，《北京大学教育评论》2013 年第 1 期，第 29～42 页。

③ 郑若玲、郭振伟：《异地高考政策的公平诉求与困境：以上海市为例》，《全球教育展望》2016 年第 10 期，第 67～77 页。

④ 赵新亮：《利益相关者视角下高考加分政策研究》，博士学位论文，华东师范大学，2011。

⑤ 高岳涵：《少数民族高考加分政策效果调查研究》，《广西民族大学学报》（哲学社会科学版）2014 年第 3 期，第 94～99 页。

从利益相关者的角度进行实证研究。[①] 王后雄、王世存关注中学校长、中学教师、大学校长、高校教师、高校招生工作人员、家长和学生七类利益相关群体对高考制度公平性的评价，并提出高考政策调试的政策建议。[②]

第三节　概念界定

任何理论都有其实践的边界，任何思考也有其认知的边界。本研究对高考、公平、高考公平、利益相关者等核心概念进行界定，同时在研究过程中形成了“吃亏”与“获得感”等本土概念，将其作为深入利益相关者内心世界的线索。

一　核心概念

（一）高考、公平及高考公平

高考，是指全国普通高等学校统一招生考试。本研究中，高考是由一系列制度设计构成的，包括我国现行的全国普通高校统一的招生制度、正在分省份试行的高考综合改革方案、自主招生改革方案等。改革是一个动态的过程，因此高考也是动态与静态的统一体。“新高考”，特指自2014年国务院印发《国务院关于深化考试招生制度改革的实施意见》以来，按照国家和地方高考改革方案实施的高考制度改革。有学者认为，这是自1977年恢复高考招生以来力度最大的一轮高考改革，勾勒出了我国高等学校考试招生制度新的蓝图，即建立了中国特色现代教育考试招

---

① 张和生、余军民、郑岱：《高考公平指数的建构与测评——以湖南省为例》，《北京大学教育评论》2013年第1期，第29~42页。

② 王后雄、王世存：《不同利益群体对高考制度公平性认同度的调查与分析》，《教育测量与评价》（理论版）2011年第9期，第4~18页。

生制度。[①] 本研究以浙江和上海等高考综合改革试点省份为个案，关注我国新高考的公平性问题。

公平（fairness）是指不偏不倚，其本质是合理性。追求公平是古已有之的理念。孔子曰："不患寡而患不均。"《吕氏春秋·贵公》中言，"公则天下平矣，平得于公"。根据不同的维度，可以将公平划分为不同的类型，如程序公平和结果公平（实质公平），前者强调保障程序上的合理性，后者强调结果的合理性；相对公平与绝对公平，亚里士多德将法律上的公平看作相对公平，而自然法基础上的公平是绝对公平[②]；过程公平和条件公平，自由主义者看重过程公平，而平等主义者强调条件公平等。公平与公正、平等的概念常常被混用，但又有很大不同。

公正，与正义同义。公平与公正有所区别，公平是指衡量标准的统一尺度，有多少种标准就有多少种公平；公正是指社会的基本价值取向，强调价值选择的正当性。因此，应避免以公平取代公正，比如在市场经济条件下，公平的尺度是价值，资源分配应该倾向于能够创造更高经济价值的社会成员；但是按照公正的社会价值取向，又应该避免市场经济的缺陷，确保社会成员的底线与尊严不被践踏。[③] 同时公平与公正相互依存，我国高考制度的恢复和改革，反映了人们对公平公正观念的认同和信心，反映了社会的理性和进步，在一定意义上可以说是社会公正的象征，公平、公开、公正也是我国高考改革的基本价值导向。

公平与平等。公平与平等都是社会发展的核心价值目标，但是二者又是不同的，公平是一种质的特性，而平等是一种量的特性。

---

① 文东茅、刘玉波：《高考改革何以"牵一发而动全身"》，《中国高等教育》2014 年第 24 期，第 19～22 页。

② 洋龙：《平等与公平、正义、公正之比较》，《文史哲》2004 年第 4 期，第 145～151 页。

③ 吴忠民：《关于公正、公平、平等的差异之辨析》，《中共中央党校学报》2003 年第 4 期，第 17～22 页。

如果说公平是对人与人之间的地位和关系的评价，是对人与人之间经济利益关系的合理性认同，那么平等侧重于对人们的地位及其相互关系的事实描述，是指人们的地位和利益获得的等同性。教育公平是指教育资源配置的合理性，其原则包括平等、差异、补偿。平等，是指受教育权平等和教育机会平等；差异，是指根据受教育者个体的禀赋差异，差异性地配置资源；补偿，即对社会处境不利的受教育者进行资源配置的补偿。[①]

高考公平，是指高考作为一种高等教育资源分配的制度设计的合理性，强调程序公平。结果的正义需要程序正义的保障，但是程序正义未必都能够导致结果的正义。无论在学理层面还是人们的直觉观念中，常常会根据结果的不公平而批判程序的不公平。高考公平的本质是实现教育利益分配的结果公平。[②] 高考保证考生入学机会和竞争起点的相对公平，促进了社会资源的优化配置，引导中小学生实施素质教育，从不同层面上实现了教育公平。但是同时，由于我国当前转型时期新旧体制、不同价值的碰撞和非均衡发展的矛盾带来的一系列问题，在我国现行的高考制度的运行过程中产生了诸多影响教育公平的问题。

本研究关注作为高考公平主体的国家或政府在新高考政策制定和执行过程中，如何权衡与满足高考公平的客体，即不同社会成员的利益诉求，使其获得高等教育入学机会和资源时能够受到公正与平等的对待，从高考公平的主体与客体的角度评价新高考政策的公平性。本研究致力于分析当前高考改革背景下，高等教育入学机会和资源分配的合理性，从利益相关者的角度分析这种合理性的内涵、存在的问题、影响因素以及实现这种合理性的策略。

---

① 褚宏启、杨海燕：《教育公平的原则及其政策含义》，《教育研究》2008 年第 1 期，第 10～16 页。

② 王后雄、李佳、李木洲：《高考公平的内涵及属性》，《中国教育学刊》2012 年第 5 期，第 31～35 页。

（二）利益相关者

利益相关者，是指影响组织目标实现或者受到组织目标实现过程影响的个体和群体。利益相关者是一个管理学概念，本研究主要借用利益相关者的概念，分析高考政策制定与执行过程中相关的主要群体的诉求、参与与评价。利益相关者的价值观影响政策制定和执行，政策制定者需要这种从利益相关者自身利益出发的价值观，并将其作为政策制定和执行的基础。因此，评价高考公平性就要看高考政策是否符合大多数人的利益、符合社会整体利益，以及是否让最少受惠者受益。

美国学者米切尔和伍德（Mitchell & Wood）提出的“米切尔评分法”是管理学领域对利益相关者分类最常用的方法。这种方法依据合法性、权力性和紧急性三种属性，将利益相关者划分为确定型利益相关者、预期型利益相关者和潜在的利益相关者。其中，合法性是指某一群体是否被赋有法律上的、道义上的或者特定的对于企业的索取权①；权力性是指某一群体是否拥有影响企业决策的地位、能力和相应的手段②；紧急性是指利益相关者之间的关系或者利益诉求是否具有时间上的紧迫性和重要性③。本研究参照米切尔评分法对利益相关者属性的考察，将教育行政部门管理者、高校管理者、中学管理者和教师、学生作为新高考政策的利益相关者。按照米切尔评分法对利益相关者的分类，利益相关者的模型是动态的，即当任何个人或者群体获得或者失去某些属性后，就会从一种形态转化为

---

① 陈宏辉、贾生华：《企业利益相关者三维分类的实证分析》，《经济研究》2004 年第 4 期，第 80 ~ 90 页。

② 陈宏辉、贾生华：《企业利益相关者三维分类的实证分析》，《经济研究》2004 年第 4 期，第 80 ~ 90 页。

③ A. Mitchell & D. Wood, “Toward a Theory of Stake Holder Identification and Salience: Defining the Principle of Who and What Really Counts”, *Academy of Management Review*, No. 22, 1997, p. 867.

另一种形态。比如高考研究的专家不再参与高考改革决策之后，就不再具有紧急性的特征，就会成为潜在利益相关者；一旦普通大众的子女成为改革省份的高中生，就由边缘或者潜在利益相关者成为核心利益相关者。

二　本土概念

本研究作为一项质性研究，重视寻找被研究者的本土概念。“本土概念”是指被研究者经常使用、浸注其情感的、用以表达其看待世界的方式的那些概念。[①] 质性研究重视被研究者的观点和看问题的方法，致力于寻求被研究者经常使用的本土概念，凭借这些本土概念深入他们的内心世界，进而为研究提供有价值的线索和更丰富的意义表达方式。本研究的本土概念包括“吃亏”和“获得感”，分别用以描述利益相关者对高考公平问题的负面或者正面评价。

（一）吃亏

吃亏，是指条件不利或者遭受了不该有的损失。访谈对象多次提到“吃亏”，形容在高考这场智力竞赛中处于不利地位或者遭受了不该有的损失。将“吃亏”作为描述访谈对象公平观的本土概念，涵盖了新高考公平性评价的多个维度，学生、中学、高校都可能在新高考改革中感觉“吃亏”，有不公平的感受或者评价。

从学生角度看，高分学生选择物理学科“吃亏”，没有选择物理学科的学生在“三位一体”中不占优势而感到“吃亏”，第二次考试选择不考的学生怕“吃亏”，综合素质评价有人弄虚作假而自己严格执行规则会“吃亏”。

---

① 陈向明：《质的研究方法与社会科学研究》，教育科学出版社，2000，第284页。

> （我化学分数很高了）化学第二次肯定不考了，其他学科考了第二次，反正能多一次，考高了分数更高，考低了也不吃亏（浙江 M1S2，2017）。
>
> 将学生的综合素质评价作为高校录取的重要依据之一，就一定要有相对统一的标准和操作规范，所有学校都必须严格按照相应的规定执行。不能让严格执行规定学校的学生吃亏，更不能让弄虚作假的学校占便宜（浙江 M2 校长，2017）。

从中学的角度讲，无论是顶尖学校、中等学校还是薄弱学校，都担心在等级赋分制中“吃亏”；学校地处农村，学生需要到城里赶考，在时间、体能和心理上吃亏；考试命题和招生录取的能力立意的改革方向会让农村学生“吃亏”。

> 物理学科排名靠前的四校[①]生选的会比较多，有家长说非四校生千万不要选物理，可能会导致选择物理的都是四校生，学生本身水平不错，但只能考到 E 档，这对他们来说是非常吃亏的（上海 U10S5，2017）。
>
> 学生从学校坐大巴车去城里大概要四十来分钟，学生从时间上、体能上、心理上、午间休息上都吃亏，影响部分同学考试的发挥，影响考试的公平（浙江 M3 校长，2017）。
>
> 有人提出，命题对部分群体不公平，比如作文题目反复出现城市生活的场景，有些农村孩子不了解，这就吃亏了（A3T1，2017）。

① 四校，即上海中学、华东师范大学第二附属中学、复旦大学附属中学、上海交通大学附属中学，是上海的顶尖高中，被学生和家长俗称为“四大名校”。

本研究用“吃亏”这个本土概念描述访谈对象对新高考政策的公平性的负面评价，以及访谈对象不公平的心理感受。

（二）获得感

“获得感”是指人们获得某种利益后产生的满足感，2015 年由习近平在中共中央全面深化改革领导小组第十次会议上提出之后，“获得感”一词迅速流行。访谈对象对浙江、上海高考综合改革评价中，“获得感”一词使用频率较高。政策执行者将增强学生、家长、教师和高校的“获得感”作为行动目标，也将各利益相关者的多方获得感作为评价政策执行的指标。

> 如何面对这些焦虑，又如何消解这些焦虑，我们的认识是只要把回应变革焦虑的重点聚焦在人民的获得感上，通过改良学校育人模式，提升学生、家长、教师在新高考变革中的获得感，就能实现改革之初设计的政策目标（上海 M1 校长，2017）。
>
> “3 + 3”科目、走班制、综合素质评价、高考录取的“两依据一参考”，给学生带来了更多的选择权，提升了学生实际获得感和满意度，同时也对高中办学带来了挑战（上海 M2 校长，2017）。

本研究将“获得感”一词作为本土概念，用以描述被研究者对新高考政策的正面评价。“获得感”与“吃亏”分别被用来从正面和负面评价新高考政策的公平性，但二者之间并不是严格对立的关系。“吃亏”意味着有人得到，有人失去，别人得到了，而自己没得到本该属于自己的东西。但“获得感”首先来源于得到，是否失去则需要具体分析，在总量一定的情况下，有人“获得感”增强，那就意味着其他人在“吃亏”，在这种情况下，二者就是评价高考政策公平性的对立概念。

第四节 研究方法

本研究以质性研究为主，主要运用焦点小组访谈法、深度访谈法、实物收集法等进行资料收集，借助于扎根理论的操作程序和MAXQDA质性分析工具，对访谈资料、政策文本进行整理与分析，构建起高考综合改革试点省份利益相关者视域中新高考公平性问题研究的理论框架。同时，在研究过程中，保持对研究者、研究参与者、研究方法等方面研究伦理的反思。

有研究者总结了12种质性研究方法的优势，包括发现默会知识、主观理解和解释的研究；深度钻研复杂性和过程的研究；力图探讨哪里以及为什么政策与地方性知识—实践之间出现了不一致的研究；对新出现的、被忽略的，或者通常被边缘化的人群进行研究；对有关但尚未确认的变量进行的研究等。[①] 本研究运用质性研究方法关注利益相关者视域中的新高考公平性问题，理由如下：一是发现静默知识。公平是一个相对概念，每个人对公平的界定不同，也会有不同的高考公平观。以质性研究方法关注各利益相关者视域中的高考公平问题，可以发现个体层面的静默知识和主观理解与解释，有助于丰富对高考公平问题的认识，解释高考公平性问题出现的原因。二是解构复杂性。高考公平是一个复杂问题，高考本身的复杂性和公平的复杂性叠加，使得高考政策公平与否成为未解之谜。而用质性研究的方法来解读高考公平性，可以从个体视域的角度建构起高考与教育结构、社会结构的关系。个体经验不断被概念化的过程，也是不断解读复杂性的过程。三是探讨高考改革导向与地方性知识之间的不一致。新高考采取多项措施促进公平，但社会层面对

① 〔美〕凯瑟琳·马歇尔、〔美〕格雷琴·B. 罗斯曼：《设计质性研究：有效研究计划的全程指导》，何江穗译，重庆大学出版社，2015，第109页。

高考公平性的质疑有增无减。运用质性研究的方法探讨高考政策公平性问题，可以探索个体层面理解或者信息获取不充分造成的政策实施障碍问题。四是关注高考改革中被忽视的声音。关注各利益相关者，尤其是高校管理者、中学管理者和教师作为政策的执行者，以及学生作为政策受益者对高考改革的利益诉求，关注政策执行者与受益者被忽略了的声音、认同与抗争是关系政策实施成败与否的关键。五是挖掘高考公平问题的新变量。新高考改革在解决既有公平问题的同时，也产生了新的高考公平问题，这些问题是以往的社会现实中尚未存在的问题，现有研究关注也较少，运用质性研究方法可以挖掘出这些并不确定的变量，为以后的研究提供支撑。因此，研究中呈现利益相关者视角中新高考公平性的维度，但并不代表新高考存在诸多公平性问题以及也不能反映问题严重的程度。

一　研究方法

（一）研究对象的选择

本研究参照米切尔评分法对利益相关者的属性划分，将教育行政部门管理者、高校管理者、中学管理者和教师、学生作为新高考政策的利益相关者，关注他们作为评价主体对新高考公平性的评价。教育部和省级教育厅（委员会）拥有对高等教育进行管理的合法性和权力，是新高考政策的制定者和主要执行者，而浙江和上海作为高考综合改革试点省份，其教育行政部门具有参与高考政策制定与执行的紧急性，是确定型或者核心的利益相关者。高校和中学的管理者，尤其是分管招生的校级领导和招生部门负责人，中学的校长、年级组长和教师，具有新高考政策执行的合法性和权力，参与浙江、上海新高考招生的高校管理者，以及浙江和上海中学的管理者与教师，具有新高考政策执行的紧急性，也是新高考政策评价的利益相关者。学生，尤其是浙江和上海 2017 届以来的高中学生是新高考政策的主要目标群体，学生的受教育权具有合法性，作为新高考政策的受众，对他们的利益的保障具有紧急性。另外，参与新高考政策制定与调整的高考研究专家和学者具有影响高考政策的合法性，具有影响高考改革决策的地位和能力，本研究将他们也置于教育行政人员的类别之中。

研究者要将样本合法化，就应该研究所涉及人群的总体及其总体的多样性，并根据所有的相关变量来进行抽样，但这是无法完成的任务，所以妥协方法就是保证样本在现场、场景或人群方面具有合理的多样变化。① 凯瑟琳等总结了质性研究抽样策略的类型，本研究主要运用了方便抽样、滚雪球抽样、理论抽样和极端个案抽样策略。

方便抽样：首先从可接近的地点和人物开始访谈，对笔者在中学任职或者任教的同学和老师进行访谈。然后借助于课题组对浙江、上海两地的调研活动，进一步扩大访谈对象和研究人群。

滚雪球抽样：按照最初访谈对象的建议寻找下一个访谈对象，比如访谈同学 L 校长的时候，他推荐“对高考比较有研究”的 M 校长；访谈 Z 校长的时候，正巧遇到与他都来自浙江并在高校任职和任教的 X 老师和 Xu 老师，分别与他们约了访谈；笔者在微信朋友圈里转发新高考的评论文章，在山东某中学任教的 Y 老师和 C 老师跟帖评论，笔者发现他们对高考改革比较有热情，然后分别约他们进行访谈。

理论抽样：理论抽样是指在形成概念基础上进行资料收集，旨在寻找能够表达出一个概念各种属性和维度的情况。比如围绕 L 老师所说的“口号”“安全”概念进行了第二次访谈，了解其对这个概念的解释，继而构建其高考公平观；在对所有访谈资料进行整理分析的基础上，发现访谈对象对新高考政策的评价内容比较充分，

① 〔美〕凯瑟琳·马歇尔、〔美〕格雷琴·B. 罗斯曼：《设计质性研究：有效研究计划的全程指导》，何江穗译，重庆大学出版社，2015，第 126 页。

但对于改革政策制定的初衷以及是否实现了政策制定的初衷尚不明确，则需要对高考政策制定者进行进一步的访谈，以丰富相关概念和主题。

极端个案抽样：江苏省并不是高考综合改革的首轮试点省份，但有两件事情引起笔者注意：一是2016年江苏省因为生源调出计划引发“减招事件”，一项致力于促进公平的政策引起社会不满；二是江苏省从2008年开始高考改革，历时十年，在选考科目设置等方面都可以说是新高考的先行者，而且已经出现选择物理学科的人数“断崖式下滑”等现象。因此，笔者也访谈了部分江苏省的个案，可以作为对这种“不寻常”现象的一种关注。

（二）研究情境的进入

本研究的研究对象分布的地点为浙江、上海、山东和北京。浙江和上海于2014年启动高考综合改革试点工作，2017年完成首次高校招生录取工作；2017年山东省和北京市作为第二轮试点省份加入高考综合改革试点。这四个省份是新高考改革的“试验田”，因此，省域内利益相关者熟悉新高考改革的各项举措，适合作为新高考政策公平性的评价主体。研究中多数深度访谈是在北京和山东两地进行的，北京是笔者所在地，山东是笔者的祖籍所在地，在返乡途中约见了部分在中学任教的老师和同学。

深度访谈多数都是对话式的，包括面对面访谈和网络电话访谈，笔者参与程度比较高。相比于面对面的访谈，网络访谈方式的缺点是不能当面交流，不能从语气、体态、神情判断对方的观点，但好处是在相对没有任何干扰的情况下，访谈能够更加随心所欲地进行，尤其是对高考公平性这样敏感的话题，以网上访谈交流更加自如。焦点小组访谈是在浙江和上海进行的，通常是在访谈对象所在的学校、教育考试院、教育厅的会议室进行。焦点小组访谈中，笔者作为调研组成员参加，全程没有发言和追问，研究问题是以提纲的形式呈现给访谈对象的，追问是由调研组的专家进行的。所以，笔者参与程度相对较低，但可以以旁观者的身份将焦点小组访谈的现场作为观察对象。

深度访谈是依据笔者的访谈提纲进行的半结构式访谈，研究主题是明确的；焦点小组访谈有访谈提纲，部分主题与本研究密切相关，焦点相对明确；还有部分对话式访谈的研究主题是弥散的，资料分析时只是筛选部分与研究主题密切相关的资料加以呈现。

（三）资料收集的方法

1. 访谈法

深度访谈是本研究所运用的主要方法（表1-1为深度访谈对象分布情况）。因为本研究的目的就是揭示并描述研究对象视角中的高考政策公平性，也就是说主要关注研究对象的主观看法。质性研究者将深度访谈分为非正式的谈话式访谈、访谈提纲或主题取向的访谈、标准化的开放访谈、对话式的访谈四种类型。[①] 非正式的谈话式访谈，一般是偶然发生的随意对话；访谈提纲或主题取向的访谈，是按照约定好的时间，带有准备好的主题或者列表的访谈。标准化的开放访谈，是更细致地编好了剧本，按照特定的顺序问特定的问题。对话式的访谈可能也事先约好了，但研究者与访谈对象一起创造出新的意义。本研究中主要采取第一、第二种和第四种访谈，以具有访谈提纲的主题访谈和对话式的访谈为主，大多数访谈采用前者，对部分较为熟悉的访谈对象，更多采用对话式访谈，共同建构主题的意义，还有部分非正式的谈话式访谈，比如对专家T老师和L教授的访谈是在共同调研的过程中进行的，有问题随时进行交流和对话。

---

① 〔美〕凯瑟琳·马歇尔、〔美〕格雷琴·B. 罗斯曼：《设计质性研究：有效研究计划的全程指导》，何江穗译，重庆大学出版社，2015，第175页。

表 1－1　本研究深度访谈对象分布

利益相关群体	分类	访谈对象	省份	访谈类型	访谈方式
高中	高中校长	L 校长	山东	半结构	微信
		M 校长	山东	对话式	电话
		Z 校长	浙江	半结构	面对面
	高中教师	L 老师	山东	半结构	微信
		C 老师	山东	半结构	微信
		Y 老师	山东	半结构	电话
		S 老师	山东	对话式	面对面
高校	高校招生部门	Y 主任	北京	非正式谈话式	面对面
		X 老师	浙江	半结构	面对面
		Xu 老师	浙江	半结构	面对面
学生	大一新生	W1 同学	山东	半结构	微信
		W2 同学	山东	对话式	面对面
行政部门	教育行政部门	Z 老师	北京	非正式谈话式	面对面
	专家	T 老师	北京	非正式谈话式	面对面
		L 教授	福建	非正式谈话式	面对面

焦点小组访谈是指访谈者创造一个支持性的环境，提出有焦点的问题，鼓励小组成员进行讨论，表达自己不同的观点和看法。焦点小组访谈可以多次组织不同的人进行，通过细致、系统的分析，研究者在表达出来的那些理解和观点中确认一种趋势。[①] 本研究运用的焦点小组访谈方式，主要是在对高考综合改革试点省份进行调研过程中运用的。这不但可以通过访谈更多的人来增加质性研究的样本容量，而且焦点小组访谈的表面效度高，能够获得与本研究相关度比较高的资料。同时，个人的看法和信念是社会建构的，人们在形成自己的观点和理解的过程中，通常会受到别人观点和理解的影响。本研究焦点小组访谈有教师、学生、管理者、考试部门工作人员等各利益相关者共同参与，就同一个问题进行争论、求证，研究

① 〔美〕凯瑟琳·马歇尔、〔美〕格雷琴·B. 罗斯曼：《设计质性研究：有效研究计划的全程指导》，何江穗译，重庆大学出版社，2015，第 182 页。

结果也更加可信。

本研究焦点小组访谈共分为12次，其中高中组6次，高校组2次，考试组2次，专家组2次；参与访谈人数149人，其中，高中校长和教师51人，高三学生和大一新生46人，高校招生部门负责人21人，省级教育行政部门、考试部门、咨询专家共计31人。在高中组、高校组、考试组三类访谈过程中，咨询专家作为访谈者；在专家组两次座谈中，咨询专家为主要发言人，他们对两省市高考改革的评价也作为本研究的分析材料。访谈对象中的高中校长和教师所在单位涵盖了浙江和上海两地的优质高中、薄弱高中；高校招生部门管理者所在单位涵盖了部属院校和地方院校；学生包括经历过新高考的大一新生和面临新高考的高三学生；教育行政部门和考试机构的管理者所在单位涵盖了国家和地方两级考试机构，具有较强的代表性（见表1-2）。

表1-2　浙江、上海调研焦点小组访谈对象分布

单位：人

利益相关群体	类别	浙江	上海	合计
高中(51)	高中校长	18	18	36
	高中教师	5	10	15
学生(46)	高三新生	4	4	8
	大一新生	18	20	38
高校(21)	高校招生部门	12	9	21
行政(31)	考试部门	8	2	10
	教育行政部门	1	3	4
	咨询专家	8	9	17
合计		74	75	149

2. **实物收集法**

质性研究将实物分析作为重要的收集资料的方法，实物资料分为非正式的个人类和正式的官方类，后者包括政府部门颁发的文件。不同类型的文件可以提供背景信息，这有助于形成选择一个特定研究地点、项目或群体的解释说明。本研究将政府部门颁发的政策文件作为重要的实物资料，主要分析政策文件的文本内容、政策意图、政策产生的社会与教育情境、政策的目标群体以及政策要解决的问题等。本研究收集的主要政策文件包括：1977 年恢复高考以来我国颁布的与高考改革相关的政策文件与 2014 年以来国家和地方出台的高考综合改革方案。前者用来分析高考改革政策公平性的价值变迁，后者用来分析新高考改革公平性的价值取向，从历史、现实及未来的维度对高考政策公平性进行考量。

1977 年，中共中央、国务院做出恢复高考的重大决定以来，教育部（国家教育委员会）几乎每年都会发布关于做好普通高等学校招生工作的通知（报告、意见或者批示），对本年度招生工作进行部署，1981 年度、1983 ~ 1986 年度、2000 ~ 2019 年度的通知中都随文颁布了本年度的普通高等学校招生规定。同时，《中国教育改革和发展纲要》、《国家中长期教育改革和发展规划纲要（2010—2020 年）》、《国务院关于深化考试招生制度改革的实施意见》和《普通高等学校招生暂行条例》等政策文件对我国高考改革具有重要导向作用。这些政策文件是我国高校招生工作的重要行动纲领，笔者共收集了 71 个文件，其中包括"通知"类 37 个，"规定"类 21 个，政策法规类 13 个，覆盖了 1977 ~ 2017 年的所有年份，保持着政策的延续性，又凸显出每年高考改革的重要动向。① 本研究以这些政策文件为研究对象，分析我国高考改革政策公平性的价值变迁。

《国家中长期教育改革和发展规划纲要（2010—2020 年）》颁布以来，我国在国家和地方层面上开始进行高考综合改革，这些国家和地方高考综合改革方案包括：《国务院关于深化考试招生制度改革的实施意见》（2014 年）、《浙江省深化高校考试招生制度综

---

① 1977 ~ 1999 年政策文件引自杨学为编《高考文献（下）（1977—1999）》，高等教育出版社，2003；2000 ~ 2017 年文献来自中国教育部官方网站。

合改革试点方案》（2014 年）、《上海市深化高等学校考试招生综合改革实施方案》（2014 年）、《山东省深化考试招生制度改革实施方案》（2016 年）、《北京市深化考试招生制度改革实施方案》（2016 年）、《天津市深化考试招生制度改革实施方案》（2016 年）、《海南省深化考试招生制度改革实施方案》（2016 年），下文分别简称“国家方案”、“浙江方案”、“上海方案”、“山东方案”、“北京方案”、“天津方案”和“海南方案”。本研究以这些方案为研究对象，主要分析新高考改革中国家和地方对高考公平诉求的回应与保障。

政策文件是集体商讨后的结果，而且政策文件一旦形成就是一种官方的契约，具有合法性。因此对政策文件的分析可以增加研究手段和分析视角，为其他资料提供补充。本研究所搜集的实物资料可以呈现国家和地方教育行政部门践行高考公平原则的结果，为分析新高考公平性问题提供整体情境性依据。

3. 调查问卷法

笔者面向实施高考综合改革试点的浙江、上海、山东、北京四个省份的高中教师、高校招生部门管理者、教育行政部门管理者等发放了《关于我国高考政策公平性评价的调查问卷》（教师卷），从高考制度的公平性、高考改革的参与度、高考改革的认可度三个维度对新高考的公平性进行评价。

调查问卷主要用两种方式发送：一是在焦点小组访谈现场发放。2017 年 8 月在浙江与上海调研期间，针对参加焦点小组访谈的中学校长、高校招生负责人、教育考试院工作人员等发放问卷。二是以微信推送问卷星的方式发放和回收问卷。两种方式共得到有效问卷 932 份，其中浙江、上海、山东、北京分别占 24.9%、23.2%、37.5%、14.4%；高中、高校和行政部门被调查者分别占 79.6%、17.3%、3.1%。借助于 SPSS 统计软件对问卷进行了信效度的检验、描述统计、T 检验和独立样本单因子变异数分析。

本研究以质性研究为主，会部分引用相关数据作为补充性的解释说明，问卷及相关数据信息在附录中呈现，但不作为本研究资料分析的重点。

（四）分析资料的方法

质性研究资料的分析步骤包括资料搜集、资料简化、资料展示、结论引出与确认，这个过程不是一步完成的，需要做持续的、反复的工作。[①]

1. 资料整理

本研究资料整理分为三个阶段：第一阶段，是将全部录音资料进行逐字、逐句的誊录，整理成文字稿，撰写备忘录。进行初步的编码，并通过删除一些无意义的重复或者错误的字节，将资料进行压缩和简化。这个过程是循环往复的，在每次访谈结束之后都会进行录音的整理和备忘录撰写。然后再调整研究和访谈的内容进行下一次访谈。第二阶段，根据访谈对象的类型（以职业、隶属部门、地点划分）和访谈方法（深度访谈、焦点小组访谈等）进行初步的分类，为后期编码和矩阵分析提供方便，同时也确定用以支撑哪部分研究问题。第三阶段，初步确定本研究的概念与主题，将分类好的文稿进行逐级编码。编码的文字单元不一，有的是逐句，有的是逐段，主要根据访谈对象的语义是否符合本研究的概念和主题进行选择。但这个过程也是交互进行的，多数编码是在反复阅读文稿过程中形成的，而且还会对不断形成的编码进行修改，以期更加符合访谈对象的语义，以及形成本研究的概念框架。表 1－3 为本研究资料编码数量。

---

① 迈尔斯、休伯曼：《质性资料的分析：方法与实践》，张芬芬译，重庆大学出版社，2008，第 18 页。

表 1－3 本研究资料编码数量

资料分类		编码数量		
		开放编码	主轴编码	核心编码
访谈资料	深度访谈	142	38	8
	焦点小组访谈			
实物资料	教育部招生工作文件(1977～2017 年)	52	14	8
	国家与地方高考改革方案	46	13	3

在资料整理的过程中主要借助于 MAXQDA 质性分析工具，分别对实物资料和访谈资料进行编码。首先是对访谈资料进行编码，形成了 142 个开放编码，38 个主轴编码，8 个核心编码。运用类属分析法对研究资料进行分析性归纳、比较，在此基础构建对新高考公平性的评价维度。其次，对 1977～2017 年的 71 个高考政策文件进行编码，共获得开放编码 52 个，主轴编码 14 个，核心编码 8 个，在此基础上进行扎根理论建构。最后，对国家和地方颁布的 7 个高考改革方案进行编码，共获得开放编码 46 个，主轴编码 13 个，核心编码 3 个，在此基础上对我国新高考改革趋势进行扎根理论建构。当然，MAXQDA 仅仅是一个分析工具，只是协助完成了访谈资料和政策文本的初步分类和编码工作。正如有学者所言，“质性研究初学者希望软件可以以某种有魔力的方式替他们完成艰苦的分析工作。很不幸，质性研究并不那么简单。软件只是一种工具，它有助于分析其中一些机械的方面；坚实的分析思考必须由研究者自己的‘内置硬盘驱动器’来完成!”①

另外，为保护被研究者个人隐私，研究中隐去了所有个案的个人信息。中学按照在论文中出现的顺序，以“地区＋M＋序号”的方式编码；大学以“地区＋U＋序号”的方式编码；访谈对象按发言顺序，教师和学生分别以“T 或者 S＋序号”的方式编码，教育行

① 〔美〕凯瑟琳·马歇尔、〔美〕格雷琴·B·罗斯曼：《设计质性研究：有效研究计划的全程指导》，何江穗译，重庆大学出版社，2015，第 216 页。

政部门管理者以“A＋序号”的方式编码；问卷调查中的开放性问题按照问卷序号，以“Q＋序号”的方式编码。

确定研究的概念与主题是对研究资料进行分析的基础。本研究的概念与主题有三种：通过学科和专业阅读储备形成的概念；前期文献综述阶段形成的概念；访谈过程中逐步明确的概念和主题。新高考政策实施后产生的不公平问题，都是在访谈资料的整理与分析中获得的。所有的这些概念与主题，都体现在对访谈资料和实物资料的编码与分析中，也是本研究“扎根”理论的基础。需要说明的是本研究依据扎根理论的方法编码，将编码、识别概念和主题以及理论发展作为一体化的过程。新高考政策的公平性评价是一个新的研究问题，现有研究并不充分，而且对新高考落地后出现的新问题缺乏预期研判。而遵循扎根理论的方法对访谈资料逐段进行开放编码，可以充分发现高考公平性评价背后的结构性因素，如新高考的总体评价、学校校本化实践、利益相关群体之间的博弈关系等。

2. **资料分析**

分类与总结：在编码的基础上对所有研究资料进行分类与总结，就是将所有编码相同的文字放入同一个文本块中，总结与同一个主题相关的所有属性，进行分析性的归纳。比如等级赋分制产生的公平问题，对选择和放弃物理学科的学生、选择技术科目的学生、偏文科和偏理科的学生等产生的所有公平性问题进行总结，以期发现等级赋分制这项新的考试计分方式对学生来说在哪些方面存在不公平。

分类与排序：将已经编码的文字进行分类和排列，以期发现新高考公平性争议最集中的问题。比如对资料初步分析后发现，等级赋分制成为高考科目改革公平性争议最为集中的问题，所有的中学校长、教师和学生都会就这个问题发表意见；其次是综合素质评价标准和综合评价招生，因为使用综合素质评价和试点综合评价招生的高校数量较少，所以这个问题显然没有科目改革带来的公平性问题更受关注。等级赋分制将会影响全部试点省份的考生，而且如果新高考改革方案在全国范围施行，其影响更将是全国性的。

分类与比较：比较分为持续比较和理论比较，持续比较是指将事件与事件进行比较，在同一编码中寻找相似点和不同点，解释编码的不同属性和维度。本研究对不同访谈者、属于不同利益群体的访谈者、不同试点省份的访谈者进行持续性的比较，以期发现这一编码的不同属性和维度。比如在考试科目选择上的公平问题，是等级赋分这类共同的制度设计造成的，还是不同的考试时间造成的，可以通过比较发现问题所在。例如，在比较浙江和上海两地考生科目选择倾向时发现，上海 2017 届考生的地理和生物是在高二考试，几乎所有的学生都选择地理和生物，并不是因为兴趣，也不是趋易避难，而是因为提前考过一门就能减轻备考压力。

权衡与汇总：这个分析步骤可以将同一个主题的不同解释汇总起来，构造成一个相对完整的描述性叙述。比如同样面对物理科目选择人数下降问题，各利益相关者的建议各不相同：中学校长认为可以让高校限制必选科目，将“或”的关系改成“和”的关系，比如物理和化学，而不是物理或化学；高校招生负责人认为，如果限制必选科目可能会造成生源质量的下降，录取分数线位次决定了大学排名；教育考试院管理者认为，可以运用考试技术手段进行微调，而不伤害所有相关者的利益。经过汇总和权衡后，就不会对此问题妄下断言。

理论建构：理论建构的过程包括反思自己的提问方式、讨论的概念和主题，与已有文献的对话，推导主题间的关联机制，在研究情景以外推广研究发现等。首先，笔者在对材料进行编码的过程中逐步形成了论文的结构，尤其是在对历史文献和高考改革方案的实物资料进行分析的过程中建立了过去、现在与未来清晰的时间维度。其次，在对原始资料进行扎根分析的基础上，建立了招生分配方式、考试内容、考试形式、招生录取方式的新高考公平性的分析维度。

再次是在原始资料分析的基础上聚焦了进一步关注的问题，并进行理论抽样，比如对调查问卷和高考政策制定者的访谈等，进一步深化和推进研究进程。最后是在与社会正义理论对话的过程中，逐步建立起对新高考公平性评价主题之间的关联机制，并在此基础之上建立起能够在一定范围内推广的研究结论。

3. 信度与效度

质性研究的信度与效度是常常受到传统规范研究质疑的焦点，包括研究结果是否可信、可转化、可证实、可复制等，但是质性研究通过陈述研究设计、研究方法、研究分析的全部过程，表明研究的界限与局限的方法来确保研究的信度与效度。

首先，选择能够提供有用信息的访谈对象，看他们是否是有经验的、有见识的、视角多样的。[①] 本研究选择访谈对象：一是包括教育行政部门、考试研究专家等在内的高考政策制定者，他们知道新高考改革的政策制定的初衷及方案设计的目的；二是作为高考政策执行者的各级教育考试院管理者、高中学校校长，他们对新高考具有充分的经验，有见识、有切身感受；三是高考政策的直接参与者——中学的教师和学生。他们分别从不同的视角对彼此的观点相互印证，也确保了资料的可信。

其次，通过录音、成员核查等具有研究透明性的手段提高信度。透明性意味着质性研究报告的读者可以看到资料是如何收集与分析的，能够使读者了解研究设计的全面性，研究者的责任心、敏感与偏差。[②] 本研究在资料收集的过程中，采用录音的方法，保存全部研究访谈的录音资料；深度访谈的录音资料整理完成后会让访谈对象确认是否完整，以及是否理解和准确记录了其本人的观点；进行焦点小

① 〔美〕赫伯特·J. 鲁宾、〔美〕艾琳·S. 鲁宾：《质性访谈方法：聆听与提问的艺术》，卢晖临等译，重庆大学出版社，2010，第55~58页。

② 〔美〕赫伯特·J. 鲁宾、〔美〕艾琳·S. 鲁宾：《质性访谈方法：聆听与提问的艺术》，卢晖临等译，重庆大学出版社，2010，第66页。

组访谈的过程中，在对中学校长、高校招生办负责人访谈时，让他们提供了纸质版的意见，录音整理过程中会以此为主，只进行即兴发挥部分内容的补充；每次深度访谈结束都会整理备忘录，对研究者身份、访谈技巧、访谈结果进行反思，一并呈现在研究报告中。

最后，通过三角验证提高信效度。三角验证是指运用多种数据收集方法、多种数据来源、多个分析人员或多种理论来验证个案研究的过程。本研究运用三角验证来增强研究的有效性的方法包括：运用深度访谈、焦点小组访谈等不同的访谈方法；运用访谈法和不同的资料收集的方法；访谈对象分布在浙江、上海、山东等不同的高考综合改革试点省份，来自政策制定者、政策执行者与政策受益者等不同身份群体，共同围绕新高考改革的公平性问题进行回应。三角验证并不是追求如何接近真相，而是发现了解社会世界的不同视角，验证研究结果的可靠性。因此，本研究关注不同的方法、不同的个案、不同地点的研究对象视角中的高考政策公平性的评价，可以获得共同和不同的观点，增加研究的有效性。

二　研究伦理

质性研究需要从研究参与者参与研究课题、研究资料的收集、研究资料的使用等层面论述研究伦理[①]，本研究的伦理议题包括研究参与者的疑虑、研究者身份的反思以及研究过程中的伦理议题。

（一）研究参与者的疑虑

公平在有些情况下是个敏感的问题，因此访谈过程中访谈对象有时会感到不安，有一些访谈对象拒绝录音，或者拒绝接受访谈。访谈对象在接受访谈的过程中也会多次表达对安全的疑虑：“你别牵涉到具体学校信息。”“也就是对你说说，暴露这些东西很危险。”

---

① 朱志勇：《学位（研究）论文开题报告的格式与学位论文的格式》，2015（未发表）。

“建议你写点技术层次的。”“就你的课题而言，应该有很多不能随便说的。”因此笔者在访谈开始和过程中都会明确表达研究的主要意图、为访谈对象保密的原则，在访谈结束之后整理完录音资料，会让访谈对象再次确认是否隐去了访谈对象认为“敏感”的信息，直到对方放心为止。让研究参与者知情同意，秉持相互信任原则，但是也会影响到知识本身的完整性。

如笔者借由同学关系，与L老师建立起了研究关系。所遇到的伦理道德问题是，怎么处理和他之间的谈话，原始数据确实因为有一些敏感信息，可能会对个人、对学校甚至对地方产生影响，但是如果对这些信息只字不提，又似乎不能完整地呈现他要表达给笔者的观点。因此，研究中只是用他提供给笔者的资料来思考他与他的观点之间的关系，在进一步访谈的基础上构建个体与社会之间的联结，而不将其作为重要的事例呈现。也就是说，他给笔者描述的社会现实，只是帮助理解他的观点的情境。再如与某高校招生部门Y老师的谈话，她在电话中向笔者解释不能给予相关数据的原因，笔者觉得这些数据与研究问题密切相关，并提出要对她进行深度访谈。她说可以访谈，但是在访谈中她就不会说这些话了。虽然知道她电话中的内容更接近于“真实”，但是介于研究伦理，也不能在研究中呈现。

参与观察中的主要伦理议题是研究对象知道有一项研究正在进行，而他们是这项研究的一部分，研究者必须细心而持续地确保研究对象知道并愿意参加研究。① 本研究过程中，笔者多次参与相关主题的研讨会，对这种会议的观察记录呈现各利益相关者博弈的过程，但是笔者并不能让他们知道自己是研究的一部分。因此研究中也不呈现这部分内容，只作为笔者本身的知识建构存在。

---

① 〔美〕凯瑟琳·马歇尔、〔美〕格雷琴·B. 罗斯曼：《设计质性研究：有效研究计划的全程指导》，何江穗译，重庆大学出版社，2015，第174页。

（二）研究者身份的反思

研究者身份包括研究者的身份认同、经历和价值观，也被称为“偏见”。在研究开始之前笔者反思了自己成长的过程，以及自己目前的身份对研究可能存在的影响，但在某些时刻还是影响到了研究过程中对访谈对象的态度。比如在与 C 老师的访谈中，他说他感觉自己“在跟行政部门对话”。笔者突然意识到自己对新高考改革有一些先入为主的看法，接受了某些专家的思维逻辑，并在访谈中为这套逻辑辩护。之后，笔者以备忘录的形式对此进行了反思，并且再次与 C 老师沟通，进行了第二次和第三次访谈，并尽量以开放的态度倾听、理解、接纳他的观点。开始他的观点很偏激，但在笔者对浙江和上海高考综合改革试点情况调研之后，再次与他沟通，他也能够做到认真倾听笔者的观点了，认为自己之前对高考改革也有道听途说的误解。这次与访谈对象之间的“冲突”对笔者后期的访谈，以及访谈资料的整理都有很大帮助。

马克斯·韦伯区分社会科学研究中事实判断和价值判断两种倾向，认为研究者应该保持价值中立。但是教育研究中很难做到“价值中立”或者“价值无涉”，本研究更倾向于将研究者的价值考虑其中，像本尼迪克特所说的做“眼科大夫”的工作，验明各民族看待世界时所戴眼镜的度数。[①] 因此，笔者在后记部分详细地反思了自己研究者的身份，包括与高考有关的经历和这项研究的过程，就是希望为读者呈现研究者本人看待高考公平性问题时的“眼镜度数”。

（三）研究中的伦理议题

1. 焦点小组访谈中的权力动力机制

焦点小组访谈遇到的主要研究伦理议题是焦点小组情境中的权

---

① 〔美〕鲁思·本尼迪克特：《菊与刀》，吕万和等译，商务印书馆，1990，第 10 页。

力动力机制。在笔者进行高中组的访谈时，这个问题反映尤为明显。首先，随同访谈者进入研究情境的，还有教育行政部门的管理者，他们会在访谈过程中，“解释”相关问题，这会使处于权力层级下层的访谈者有戒备心理，会担心自己“说错话了”。

其次，老师之间、师生之间也存在权力分布的问题。这些群体共处一个场域，讨论同一个主题的时候，会存在观点的冲突，也会因为“畏惧”上层的权力而不敢说出真实的想法。学生会考虑自己的回答是否会让老师不高兴；不同任课老师之间，在新高考选科的背景之下，利害关系不同，也存在不同的心态。如某中学年级组长认为学生选科是一个动态发展的过程，即便现在选择物理的人少了也不是问题，之后，一位物理老师则很克制地表达了不同看法。

最后，访谈者是以专家的身份进入研究情境的，不可避免地，访谈对象会将访谈者置于“入侵者”的角色，而有所防备。

2. 精英访谈的“畏惧”与“剥夺”

精英是指处于有权力且有影响力位置的个人。对“精英”人物进行访谈是关注特定类型访谈对象的访谈。由于这些访谈对象在社会、政治、金融或组织领域所处的特殊位置，从这些访谈对象那里可以获得有价值的信息。比如笔者对高校管理者和高考政策研究者的访谈，前者可以说是政治精英，而后者是学术精英。他们观点明确，相对具有公共理性，对高考公平性问题有明确的观点。

对精英的访谈存在的主要伦理议题有三个方面。首先，精英人物都非常忙碌，约见访谈并不容易。比如对高考政策制定参与者 L 教授的访谈，第一次接触是在忙碌的会议间隙，最终还是因为时间紧张而取消了访谈；也有一些精英并不会理会笔者的访谈请求。其次，研究者对权威的畏惧。有很多次笔者拟定的访谈对象就在眼前，但是还是因为畏惧权威，而失去了与之进行深度对话的机会。最后，对精英访谈中访谈者可能会被“剥夺”话语权。访谈者需要根据访谈对象的意愿和偏好，调整计划好的访谈结构，甚至由访谈对象完全控制访谈过程。如在对教育部工作的Z老师的访谈中，访谈者几乎失去话语权，变成访谈对象单方面的强势输出。但是与精英访谈，获得的信息往往质量较高，而且他们独特的视角会为研究主题提供重要的有洞察性的信息。因此，精英访谈的内容还是重要的资料来源之一。

3. **转录文字稿的伦理议题**

转录文字稿本身也存在一定的伦理议题。转录和翻译都包含判断和解释。因为，“当我们听录音的时候，我们失去了那些解释别人意义所需依赖的视觉暗示。文字稿的转录者不再能接近那些关于意义的、重要的辅助语言学线索”①。因此，为了解决这个问题，笔者在深度访谈中采取的主要策略是对文字转录后，会向那个访谈对象分享访谈的文字稿，以使他们确认文字稿是否是他们真实意思的表达。这样既可以增加转录稿的可信度，也可以确定进一步深入访谈的议题。同时，在焦点小组访谈中，要求访谈对象提供发言的书面材料，这为笔者进行资料分析提供了便利，也避免了录音誊录时对语义理解的偏差。

4. **实物分析法的伦理议题**

实物分析法引起的最大的伦理议题是这些资料如何获得与公开。“使用这些公开的资料看起来是无害的，但研究者仍然应当考虑使用这些材料可能会对组织或个人造成的伤害。……更私人化的资料应当经过更仔细地伦理考量。”② 本研究中收集的主要实物是教育行政部门发布的与高校招生有关的政策文件，这些文件通过公开出版的政策汇编和教育部官方网站获得，因此其公开性是毋庸置疑的。另一部分数据是来自某些学校的基本招生和录取数据，有的学校并不

① 〔美〕凯瑟琳·马歇尔、〔美〕格雷琴·B. 罗斯曼：《设计质性研究：有效研究计划的全程指导》，何江穗译，重庆大学出版社，2015，第203页。

② 〔美〕凯瑟琳·马歇尔、〔美〕格雷琴·B. 罗斯曼：《设计质性研究：有效研究计划的全程指导》，何江穗译，重庆大学出版社，2015，第199页。

反对公开相关数据，积极邀请笔者予以分析；有的学校对公开这些信息非常敏感，甚至强烈反对。因此这些信息在研究中并不予以公开，只是作为笔者的知识架构存在。

同时，对实物资料的分析要格外谨慎。实物资料可能会忽略掉很多重要信息，比如社会处境不利群体的声音，因为他们很少有机会参与政策的制定过程。

总之，长期以来我国高考制度的公平性备受关注，高考招生名额的分配方式、考试方式和内容、招生录取方式等的公平性遭受质疑；以公平为主要目标之一的新一轮高考综合改革在实施中也遭遇公平性质疑，利益相关者对优质高等教育资源的诉求成为矛盾焦点。在国家深化教育体制改革，推动教育治理现代化的背景下，关注利益相关者视域下的新高考公平性问题，是追求教育公平的重要体现，是解读当前我国社会结构及利益分配格局的突破口，也是笔者研究兴趣与领域的进一步延伸和拓展。本研究的研究问题界定为利益相关者视域中的新高考公平性研究，包括利益相关者对新高考公平性的评价、问题归因，并从视域融合的角度提出政策调整的策略建议。从学术研究和政策研究的角度来讲，本研究具有一定的实效性、学术性和应用性价值。国内现有研究关注了高考公平的概念、属性与原则，深入剖析了不同历史时期我国高考公平问题的表现与归因。但新高考改革使政策环境发生了变化，也就使已有研究结果亟待在实践中加以验证。同时，对新高考的研究关注了新高考方案的评价，但多数是一种前瞻性评价，在高考改革的实践中是否支持这一结果还未可知。相关研究以注重理论思辨的规范性研究为主，近年来实证研究有所增加，而实证研究中对新高考公平性问题的追踪研究较少。[①] 本研究从利益相关者角度关注新高考公平性的评价、归因和

① 王新凤：《观点、数量、方法——恢复高考40年来高考政策公平性研究述评》，《考试研究》2018年第1期，第49~54页。

策略问题，无疑会拓展这一研究领域。但是从利益相关者视域研究新高考公平性问题，难免陷入相对主义的困境，本研究以社会正义理论为基础为各利益相关者视域中的新高考公平观提供了解释框架。

第二章　高考公平性的理论透析

高考制度是高等教育资源分配的机制，一般来说，接受高等教育的人在社会资源分配中占有优势，因此，高考公平性与社会资源分配机制密切相关。同时，高考改革“牵一发而动全身”，高考改革会对社会制度产生直接的影响，这就需要在社会场域中分析高考公平问题。新一轮高考综合改革是对高等教育资源的再分配，分配规则受制于社会资源分布状况和社会总体价值导向，从社会正义的视角看待新高考公平性问题，可以从更加宏观的理论视角和社会结构体系中审视高考制度。社会正义论从功利主义、自由主义到社群主义的发展脉络，及其关于公平与正义等基本观点，为解读新高考公平性提供了一种理论视角。

第一节　自由主义正义观

20 世纪 70 年代，以罗尔斯为代表的新自由主义在美国崛起，并进而传播到全世界，“在政治哲学领域占据着不可动摇的主导地位”[①]，其代表人物包括约翰·罗尔斯（John Rawls）、罗纳德·德沃金（Ronald M. Dworkin）、弗里德里希·奥古斯特·冯·哈耶克（Friedrich August von Hayek）、罗伯特·诺奇克（Robert Nozick）等。他们反对边沁（Jeremy Bentham）和密尔（John Stuart Mill）以效用

① 俞可平：《社群主义》，中国社会科学出版社，1998，第 20 页。

为基础的功利主义公平观，即以实际达到的总效用最大化作为公平的价值标准，都在将自由作为民主社会基本价值的基础上探讨公平与正义的问题。当然，他们之间的观点有很大差异，戴维·米勒（David Miller）将罗尔斯视为左翼的自由派，而哈耶克是右翼的自由派；我国学者则将罗尔斯视为平等主义的自由主义者，而诺奇克是权利主义的自由主义者[①]等。

一 罗尔斯的正义论

罗尔斯的正义论奠定了社会正义理论的基础，他关于公平的正义，正义的原则、作用、主题与观念等研究成为解读新高考公平性的理论视角。

（一）正义的原则

罗尔斯提出一般的正义观，即所有的社会基本价值（或者说基本善）——自由和机会、收入和财富、自尊的基础——都要平等地分配，除非对其中一种或所有价值的一种不平等分配合乎每一个人的利益。[②] 他强调平等分配的重要性，提出了正义的两个原则，“第一个原则：每个人对与其他人所拥有的最广泛的基本自由体系相容的类似自由体系都应有一种平等的权利。第二个原则：社会的和经济的不平等应这样安排，使它们①被合理地期望适合于每一个人的利益；并且②依系于地位和职务向所有人开放”[③]。这两个原则按照先后次序安排，第一个原则优先于第二个原则。也就是说，对社会财富和权力的不平等分配，不能因为可以带来较大的社会经济效益而得到辩护或补偿，不能违背公民基本的平等与自由权力，除非可

① 〔美〕罗伯特·诺奇克：《无政府、国家和乌托邦》，姚大志译，中国社会科学出版社，2008，译者前言第24页。

② 〔美〕约翰·罗尔斯：《正义论》，何怀宏等译，中国社会科学出版社，1988，第62页。

③ 〔美〕约翰·罗尔斯：《正义论》，何怀宏等译，中国社会科学出版社，1988，第60~61页。

以增加最少受惠群体的利益。罗尔斯的正义论是在洛克、卢梭和康德所代表的传统社会契约理论的基础上，抽象、简化出一个一般的理论体系，这种正义判断是民主社会的道德基础。[①] 本研究以罗尔斯的正义论为理论基础，期望为高考公平性问题的两难选择提供一个可以参考的框架。

（二）正义的作用

以罗尔斯为代表的社会正义论者都强调了社会正义的作用，将正义作为社会制度的首要价值，强调其正当性，“正义是社会制度的首要价值，正像真理是思想体系的首要价值一样。一种理论，无论它多么精致和简洁，只要它不真实，就必须加以拒绝或修正；同样，某些法律和制度，不管它们如何有效率和有条理，只要它们不正义，就必须加以改造或废除”[②]。社会成员之间的利益既有一致又有冲突，当冲突发生时就需要有一定的原则来指导社会利益的分配，正义观就提供这样的基本原则。在当前我国优质高等教育资源依然稀缺的社会背景下，应该遵循什么原则进行高考制度设计，并进而选择部分人接受高等教育，就反映出当前中国社会的正义观。

正义观并不是唯一的。罗尔斯分析了功利主义、直觉主义等多种正义观，认为某种正义观下的权利义务的分配必然会影响到效率、合作和稳定等其他问题。同一个社会中，因为有不同的价值取向，就会存在不同的正义观，人们选择这一种而放弃另一种，取决于这种选择会带来更广泛的结果。[③] 正义只是社会理想的一部分[④]，还会存在确定其他价值的原则，比如效率、自由等。高考改革以公平优先还是以效率优先，取决于这种选择的更广泛社会影响。如北京等

① 〔美〕约翰·罗尔斯：《正义论》，何怀宏等译，中国社会科学出版社，1988，第3页。
② 〔美〕约翰·罗尔斯：《正义论》，何怀宏等译，中国社会科学出版社，1988，第3页。
③ 〔美〕约翰·罗尔斯：《正义论》，何怀宏等译，中国社会科学出版社，1988，第6页。
④ 〔美〕约翰·罗尔斯：《正义论》，何怀宏等译，中国社会科学出版社，1988，第10页。

大城市的异地高考政策进展缓慢，在一定程度上是因为户籍制度尚未做出实质性改变的前提下，单是放开异地高考可能会带来高考移民等社会影响，进而影响社会稳定。

（三）正义的主题

罗尔斯认为，正义的主题是社会基本结构，即社会主要制度分配的基本权利和义务，“社会制度使一些人的出发点比另一些更有利，如果不平等在任何的社会基本结构中都不可避免，那么它们就是社会正义原则的最初应用对象”①。高考公平问题受制于教育制度、户籍制度、经济和政治利益分配制度等，这些基本社会结构及其权利义务分配的原则，就是这个社会所持有的正义观，继而会影响教育机会分配和高考公平性问题。

同时，罗尔斯论述了公平的正义、“无知之幕”、“原初状态”等基本观念，认为设计者在“无知之幕”背后的原初状态下制定的契约是公平的。但是前提是需要弄清楚哪些原则在这种原初状态之下是合理的，因此就需要详细地描述问题的性质，“只要我们知道各方的信仰和利益、他们的相互联系、可供选择的各种对象、他们做出决定的程序等等，一个合理选择的问题就会有一个确定的答案”。这与本研究运用质性研究方法探讨利益相关者诉求的方法论具有一致性，即通过了解利益相关者的信仰和利益、相互关系、能够选择的资源和教育机会、决策程序，来明确高考公平性的策略选择。

二　哈耶克的正义观

（一）不平等的正义

哈耶克的正义理论基于其对自由和社会进步的基本看法。他认

① 〔美〕约翰·罗尔斯：《正义论》，何怀宏等译，中国社会科学出版社，1988，第7页。

为，知识与财富本身的不平等分配的结果是社会在更大程度上的进步，而社会的进步意味着社会财富总量的增长，继而能够让贫困者、社会处境不利者在更大程度上获得财富。

哈耶克认为，社会进步是不平等的结果。因此，新知识及其裨益只能逐渐地传播，众人愿望的实现也始终取决于少数人先行获知新知识，并先行获享由此种新知识产生的助益。[①] 少数人先获得某种知识，获得社会财富的增加，继而让更多的人享用这种社会财富，贫困就成为一个相对的概念。他甚至认为，如果没有富有者通过尝试新的生活方式而为社会进步做出贡献，贫困者的进展便会大为延缓。[②] 教育领域也是如此，人民所欲求的在教育及卫生健康方面的一切进展及其努力追求的目标的实现，都取决于进步的持续性发展。[③] 因此，他反对计划经济和平均主义，认为这是违背自由和社会财富增长的一种强制机制，将某种均值的标准强加给所有人，使社会处于静止状态，甚至只允许最富有成就者享有略高于平均数的标准，也会延缓社会进步的速度。[④] 总之，哈耶克将不平等赋予了推进社会持续进步的合法性外衣。

当然，哈耶克也界定了他关于平等的观点。他认为，唯一有助于自由的平等，就是一般性法律规则和一般性行为规则的平等[⑤]，而其他方面的平等诉求则是与自由社会的目标相违背的，甚至可能会成为伤及社会整体福祉的强制观念。在这一点上，也可以看出其作为“右翼”自由主义正义论者的特点。

---

① 〔英〕弗里德利希·冯·哈耶克：《自由秩序原理》上册，邓正来译，三联书店，1997，第6页。

② 〔英〕弗里德利希·冯·哈耶克：《自由秩序原理》上册，邓正来译，三联书店，1997，第50页。

③ 〔英〕弗里德利希·冯·哈耶克：《自由秩序原理》上册，邓正来译，三联书店，1997，第58页。

④ 〔英〕弗里德利希·冯·哈耶克：《自由秩序原理》上册，邓正来译，三联书店，1997，第55页。

⑤ 〔英〕弗里德利希·冯·哈耶克：《自由秩序原理》上册，邓正来译，三联书店，1997，第103页。

（二）再生产的正当

哈耶克认为，家庭的文化资本具有社会价值。个体因为较好的家庭背景而具有的某些素质、优势、智慧、道德教育等，能够增加社会整体福祉，因而受到鼓励和认可。他提出质疑，作为同样对社会有助益的素质，为什么一个人的天赋的结果可以受到广泛欢迎，但像有文化的父母或者条件优越的家庭环境等条件形成的结果，就不能受到普遍认可。因此，他认为有些孩子拥有富有家庭能够给予他的先天优势，有些孩子能够从家庭继承更高的智慧或者更好的道德教育，这二者都同样有助于社会，理应受到认可。[①] 也就是说，因为有助于增加社会整体价值，社会资本、经济资本、文化资本的再生产就具有了合法性。

当然，哈耶克并没有将家庭的经济财富作为获得高等教育入学机会的标准，他认为高校招生考试制度是一种比家庭经济资本更正当的标准。不能因为父母有能力支付学费，就理所应当地享有更好的教育机会；而通过统一考试的人，才能享用高等教育这一稀缺资源所带来的利益。[②] 总之，考试是高等教育资源分配的公平途径。

（三）品行获酬

哈耶克提出了“品行获酬（reward according to merit）”的概念，即“根据可评估的品行来决定报酬”[③]。他反对将人的品行与获得报酬之间联系起来，因为品行是一种主观判断，认为一个人的能力或

---

① 〔英〕弗里德利希·冯·哈耶克：《自由秩序原理》上册，邓正来译，三联书店，1997，第 109 页。

② 〔英〕弗里德利希·冯·哈耶克：《自由秩序原理》上册，邓正来译，三联书店，1997，第 111 页。

③ 〔英〕弗里德利希·冯·哈耶克：《自由秩序原理》上册，邓正来译，三联书店，1997，第 114 页。

服务能够带来的社会价值，与人们认可的品行或者美德没有关系。[①]除非我们能够精确地判断出人们能够如何运用他们的机会和才能，并且能够准确地分析是哪些品行使其获得这样的成就，否则我们无法判断如何给予个体的努力和品行所匹配的报酬。[②] 总之，将个体的品行与报酬挂钩是有前提条件的，即不会导致政府将一套单一的全面的品行等级序列强加于整个社会，而仅仅是将其作为组织激励机制中的一种参考。

哈耶克反对“品行获酬”的观点也反映在其对高校招生考试的评价中。他认为，并没有可靠的方法证明我们通过考试选拔出来的学生能够增加社会福祉。接受高等教育的人能够享有同辈群体所不能企及的物质利益，是因为社会认为值得为他们所受到的教育做出更多投资，而不是因为他们有更高的天赋或者比其他人更努力。[③] 也就是说，我们为接受高等教育的人提供更高的薪酬和社会待遇，是建立在他们能够为社会创造更大社会财富的前提之上的，但是他们是否能够创造更大的社会财富，以及他们是否具有相应的品质和付出了相应的努力是尚待证明的。

总之，哈耶克反对平均主义的公平观，认为不平等是社会前进的动力，除了基本权利的平等之外，任何致力于平等的努力很可能成为对自由的限制；他认可基于家庭、继承和教育获得的代际资本的传递，认为这种社会再生产在增加社会福祉的基础上，具有合法性；他反对“品行获酬”，认为品行评价的标准缺乏客观性。在一定程度上，哈耶克这种“右翼”自由主义正义论，在将增加社会整体福祉作为评判标准方面，与功利主义有相似之处。

---

① 〔英〕弗里德利希·冯·哈耶克：《自由秩序原理》上册，邓正来译，三联书店，1997，第114页。

② 〔英〕弗里德利希·冯·哈耶克：《自由秩序原理》上册，邓正来译，三联书店，1997，第117页。

③ 〔英〕弗里德利希·冯·哈耶克：《自由秩序原理》下册，邓正来译，三联书店，1997，第166～167页。

三　诺奇克的正义观

（一）持有正义

诺奇克是从最低限度的国家的角度开始论述其正义观的，他认为，更多功能的国家会侵犯人们的权利。[①] 他以“持有正义”一词替代“分配正义”，认为持有正义包括：持有的原初获取；持有的转让，包括自愿交换、赠送和欺诈等；对最初持有和转让中的不正义的矫正，这分别被称为获取的正义原则、转让的正义原则、不正义的矫正原则。[②] 一个人根据这三个原则对其持有是有资格的，他的持有就是正义的；每个人的持有都是正义的，那么总体分配就是正义的。[③] 这是诺奇克持有正义理论的一般纲领。

诺奇克认为，按照持有正义的观念，人们不能仅仅根据一种分配的外观或诸如此类的事实就决定国家是否必须做一些事情来改变这种情况。[④] 国家采取行动进行再分配的前提是不得侵犯人们的权利，建立在人们自愿转让自己的一些持有的基础之上。比如机会平等问题，使机会更差者的状况变得更好，就需要使用资源，也可能会拿走某些人的持有来改变机会更差者的状况，除非他们是自愿的，否则就侵犯了他们的资格和权利。[⑤] 诺奇克从持有正义出发来论述平等的问题，看起来是公平和中立的，对所有的人都平等对待，但实际上并不公平，因为没有考虑竞争中的地位不利者。这种不利或者

---

① 〔美〕罗伯特·诺奇克：《无政府、国家和乌托邦》，姚大志译，中国社会科学出版社，2008，第150页。

② 〔美〕罗伯特·诺奇克：《无政府、国家和乌托邦》，姚大志译，中国社会科学出版社，2008，第180页。

③ 〔美〕罗伯特·诺奇克：《无政府、国家和乌托邦》，姚大志译，中国社会科学出版社，2008，第183页。

④ 〔美〕罗伯特·诺奇克：《无政府、国家和乌托邦》，姚大志译，中国社会科学出版社，2008，第233页。

⑤ 〔美〕罗伯特·诺奇克：《无政府、国家和乌托邦》，姚大志译，中国社会科学出版社，2008，第283页。

产生于社会文化条件，或者产生于自然天赋。因此，诺齐克的持有正义理论，主要是出于对个人财产权的尊重与保护，从而更有利于处于社会顶层的人①，也就是既得利益者。

（二）与罗尔斯的分歧

诺奇克的正义论与罗尔斯的正义论有很大分歧。他们都是自由主义者，坚决反对功利主义，主张正当优先于善，都以个人为基础强调人的多样性和差别性。二者的分歧在于：一是正义与平等。罗尔斯认为正义意味着平等，诺奇克认为正义在于坚持个体的权利和资格，正义与平等无关。二是分配正义。罗尔斯认为不平等是应该、能够也必须加以解决的；诺奇克认为，分配领域的不平等不应该由国家通过再分配解决，否则就侵犯了个人的权利。罗尔斯认为自然天赋对个人来说是偶然的和任意的，主张通过改善社会中“最不利者”的处境来缩小人们之间的差别；诺奇克认为这否认了人的自主性、主体性、选择能力和责任。三是程序问题。罗尔斯认为，通过“无知之幕”的设计，在“原初状态”中选择的任何原则都是正义的；诺奇克认为，罗尔斯的正义论看起来是程序主义的，但因为他又强调了差别原则，实质上就是结果主义的。

从诺奇克的持有正义理论看待高考的公平性问题，让人反思不证自明的平等诉求，比如对社会处境不利群体的补偿是否损害其他人的利益。如果现有的对教育资源的分配的规则从程序上来说是正义的，那么再针对处境不利者进行补偿可能会损害既得利益者的利益。从这种意义上来讲，我们当前的高考政策的公平性举措，是贯彻了罗尔斯对最少受惠群体进行补偿的原则；而补偿性政策的实施也可能会带来“反向歧视”，侵犯到个体的权利和资格。

① 〔美〕罗伯特·诺奇克：《无政府、国家和乌托邦》，姚大志译，中国社会科学出版社，2008，第14页。

第二节 社群主义正义观

20 世纪 80 年代社群主义在与以罗尔斯为代表的新自由主义的论战中兴起，代表人物包括迈克尔·J. 桑德尔（Michael J. Sandel）、阿拉斯戴尔·麦金太尔（Alasdair Maclntyre）、戴维·米勒等。他们强调公共利益优先于个人权利，坚持社群整体利益至上；提倡国家在道德建设方面发挥积极作用，鼓励公民积极参与社会管理和政治生活；倡导政府、民间组织和公民合作互动的善治之路。[①] 社群主义正义观具有历史性、情境性、多元性等特征。

一 麦金太尔的正义观

麦金太尔将正义分为作为美德的正义和作为规则的正义。前者是指个人的道德品德，即根据每个人所应得到的善和功绩给予他相应回报的品德；后者是指个人遵守正义规则的品德。[②] 麦金太尔在分析特殊的思想与实践传统内部关于正义本性的争论及其差异的基础上，力图寻求正义本质上的异同，主张在思想与传统所依赖的现实社会基础中去理解其正义观。

（一）历史的正义观

麦金太尔认为，我们的日常社会是一个分化冲突的社会，因此也存在相互冲突的正义观，一种正义观的实践合理性和理论合理性本身也存在争议：是在计算每一种可能的选择性行为及其结果对人自身的损益之基础上行动，还是任何有理性的个人，在不带有任何

① 何霜梅：《正义与社群：社群主义对以罗尔斯为首的新自由主义的批判》，人民出版社，2009，第 9 页。

② 〔美〕阿拉斯戴尔·麦金太尔：《谁之正义？何种合理性？》，万俊人等译，当代中国出版社，1996，译者前言第 16 页。

自我利益特权地、一致同意去服从的约束下行动，还是以达到人类终极善和真正善的方式去行动等。[①] 关于合理性特征的根本分歧必定是特别难以解决的，他提出了合理性探究的四点考虑：人们所熟悉的以这种探究形式进行的合理证明的概念是历史的；各种学说事实上也是在特殊的时空内加以精心论证的，因此需要按照历史情境加以解释；合理性探究传统的多样性问题不会消失，但是可以通过使其成为合理解决的方式将其转化；合理性探究的概念不能在撇开例证的情况下加以解释，每一种传统都是我们自己文化的背景历史的一部分。[②]

（二）整体的正义观

麦金太尔反对罗尔斯等新自由主义者将个人与族群的关系分离开来，把个人从其生活和思考的社会文化环境中抽象出来。他在对启蒙运动以来西方社会的正义观，如亚里士多德的争议性和合理性概念、阿奎那的正义与实践合理性概念、休谟的正义与行动推理关系的概念等进行批判性反思的基础上，认为有多少种伦理学传统就有多少种正义和合理性。[③] 需要从整体上理解每一种哲学传统，也必须在传统、社会秩序以及历史语境中理解每一种哲学。这些历史传统“以这样或那样的方式全部幸存了下来，以至于不仅成为了可能的、而且是实际上的现代性王国里的实际生活形式”[④]。而这一点也为我们理解传统和社会现实中的正义观提供了可能性。

麦金太尔并没有为我们提供一套放之四海而皆准的正义观，同

---

① 〔美〕阿拉斯戴尔·麦金太尔：《谁之正义？何种合理性?》，万俊人等译，当代中国出版社，1996，第3页。

② 〔美〕阿拉斯戴尔·麦金太尔：《谁之正义？何种合理性?》，万俊人等译，当代中国出版社，1996，第12页。

③ 转引自李立峰《我国高校招生考试中的区域公平问题研究》，华中师范大学出版社，2016，第23页。

④ 〔美〕阿拉斯戴尔·麦金太尔：《谁之正义？何种合理性?》，万俊人等译，当代中国出版社，1996，第510页。

样也验证了他自己所说的面对多种正义传统“结果必定是一种相同的无力解决根本分歧的无能性”[①]。他力图做的只是对一套共享态度、信仰和预设做出大致的描绘，为人们理解各种正义与合理性传统提供一种可能性。

二 米勒的正义观

（一）正义的概念

米勒的正义观与麦金太尔有相似之处，他们都强调正义的情境性。米勒的正义观提出了人们评价社会制度正义与否时所运用的潜在规则。他认为，关于社会正义的大众信念会以各种方式转变成有缺陷的概念，政治哲学家们辩护的社会正义观与当今社会的政策变革之间存在巨大的鸿沟。[②] 因此他要做的就是揭示这些基本的原则，提供评价社会主要制度和社会实践的标准。[③]

米勒界定了社会正义的概念和适用范围。他将社会正义的主题确定为生活中好的东西和坏的东西如何在社会成员间进行分配的问题，社会正义调节的是对利益或者负担的分配。政策公平与否，是指个体或者群体比其他社会成员享有的利益或者负担更多或者更少的问题。[④] 教育机会是社会正义理论关注的焦点，不仅因为教育机会本身是一种利益，还因为获得教育机会的人可以获得更多其他利益的分配。[⑤] 总之，社会正义是一定社会结构之内利益或者负担分配的一种基本原则。

---

① 〔美〕阿拉斯戴尔·麦金太尔：《谁之正义？何种合理性?》，万俊人等译，当代中国出版社，1996，第 13 页。

② 〔英〕戴维·米勒：《社会正义原则》，应奇译，江苏人民出版社，2001，第 2 页。

③ 〔英〕戴维·米勒：《社会正义原则》，应奇译，江苏人民出版社，2001，第 121 页。

④ 〔英〕戴维·米勒：《社会正义原则》，应奇译，江苏人民出版社，2001，第 1 页。

⑤ 〔英〕戴维·米勒：《社会正义原则》，应奇译，江苏人民出版社，2001，第 13 页。

（二）正义的分类

正义是多元的，但并不是不可调和的。米勒认为寻求正义的共识是可行的，他从人类关系的模式开始构造其正义理论，将人类的关系模式分为团结的社群、工具性联合体以及公民身份联合体[①]，并提出了分别适用的三种正义原则：需要原则、应得原则、平等原则。也就是说，在团结性社群如古犹太社群中，实质性的正义原则是按需分配，比如教育被视作男孩需要的，而女孩不需要[②]；在工具性的联合体如经济关系的组织中，正义原则是依据应得分配，每个人的所得与贡献相等时就是正义的[③]；而在公民身份联合体，如现代民主社会中，首要的分配原则是平等，每个人都享有同等的自由和权利。[④] 但是人类关系模式的不确定性在分配正义上会产生冲突，联合体的划分不是绝对的，需要、应得、平等原则在不同联合体中具有优先性。

（三）应得的原则

米勒尤其强调了应得的原则。对应得的标准存在共识与分歧，分歧主要在于社会中不同的群体的相互冲突的利益，他们看起来会从他们所支持的标准得到普遍采纳之中获得或失去利益，就如同黑人和白人会从他们运用入学资格的成绩的不同标准中获得与失去利益一样。[⑤] 米勒认为，在确定正义与否的时候，要将人们不同的应得考虑进去，在各种不同的标准之间进行平衡[⑥]，如考试最高分的女孩

---

① 〔英〕戴维·米勒：《社会正义原则》，应奇译，江苏人民出版社，2001，第 27 页。
② 〔英〕戴维·米勒：《社会正义原则》，应奇译，江苏人民出版社，2001，第 28 页。
③ 〔英〕戴维·米勒：《社会正义原则》，应奇译，江苏人民出版社，2001，第 29 页。
④ 〔英〕戴维·米勒：《社会正义原则》，应奇译，江苏人民出版社，2001，第 32 页。
⑤ 〔英〕戴维·米勒：《社会正义原则》，应奇译，江苏人民出版社，2001，第 138 页。
⑥ 〔英〕戴维·米勒：《社会正义原则》，应奇译，江苏人民出版社，2001，第 146 页。

必定最好地掌握了各门功课[1]，来自城区的孩子就应该与来自郊区的同伴获得同等良好的教育[2]等。

米勒将应得的判断分为四类：一是根据业绩 P，A 应得利益 B，如果利益根据不相干的标准分配，就是不公平的。二是同等应得的状况下，一个人比另一个人得到更多就是不公平的。这依赖于能否在价值的标准上达成共识，以及是否有把一种业绩的不同特征结合起来进行总体评价。三是 A 根据业绩 P 的所得与 A' 根据业绩 P' 的所得之间有一种不相称。人们对顺序性排序的确信要远远超过对基本性排序的确信。四是做出业绩 P 的人应得某些确定的利益 B，不管其他人得到什么。也就是说正义具有不可比较性，许多利益具有约定俗成的性质，比如考试成绩的等级，并没有一个自然适当的概念告诉我们如此这般的一份答卷该得到 A 等。

总之，米勒认为，应得是社会正义的武器库中的一种批判的武器，正义的社会制度保障人们得到应得的利益，关于现实社会的正当抱怨可以通过诉求原则得到表达。[3] 判断应得的标准并不是完全确定的，因此也给正义的其他标准比如效率、平等等留有了余地。

（四）程序正义与结果正义

米勒区分了程序正义与结果正义。程序是指机构、个人或者制度向其他人分配利益（负担）的规则或途径；结果是指不同个体由此享有各种资源、商品、机会或者权利的事态。[4] 程序正义可以实现结果正义，但程序正义未必能够带来结果正义，原因在于：一是认知上的虚妄，即程序执行者判断的不确定性可能会违背程序正义的本质。比如在高校招生测试中，测试者对申请者材料判断

---

① 〔英〕戴维·米勒：《社会正义原则》，应奇译，江苏人民出版社，2001，第 148 页。
② 〔英〕戴维·米勒：《社会正义原则》，应奇译，江苏人民出版社，2001，第 157 页。
③ 〔英〕戴维·米勒：《社会正义原则》，应奇译，江苏人民出版社，2001，第 171 页。
④ 〔英〕戴维·米勒：《社会正义原则》，应奇译，江苏人民出版社，2001，第 102 页。

的主观性可能导致通过这一程序进入大学的人并不是最优才能的申请者。二是外在于程序的背景条件，公平的程序不能达到正义的结果。比如程序会挑选适用的个体外部特征，会使得结果发生倾斜。如高校入学中的语言测试会对少数民族的申请者不利。三是两种或者更多程序相互交叉时，结果是不同程序的联结后果，会出现程序与结果的分歧。[1]

米勒提出了程序公平的标准，包括平等、准确、公开、尊严。平等是指通过形式的平等与规则的明确，实现资源分配中对每个个体平等的对待；准确是指揭示与资源分配相关的全部信息，决策过程充分考虑个人要求；公开是指程序的规则与标准对所有个体开放、透明；尊严是指程序不以损害尊严的方式运行。[2] 在程序与结果正义之间，米勒的观点是坚持实质的或结果的正义在评价中的优先性，但也试图证明程序正义是重要的，以及为什么有时候我们对理想的正义结果的追求需要对程序的公平的尊重加以调节。[3] 与罗尔斯“纯粹的程序的正义”相比，米勒的程序正义更加具体与有现实的合理性。

总之，米勒的程序正义的实质是对人的尊重，对决策过程个体参与尊严的尊重。对高考公平问题的考量，不能回避利益相关者的处境和利益诉求，这种观点对运用质性研究关注利益相关者视角中的高考公平性评价提供了借鉴。

第三节　社会正义论述评

罗尔斯的正义理论在 20 世纪 70 年代西方社会占有绝对地位，他的理论被称作新自由主义。源于西方市场经济背景下的自由主

---

① 〔英〕戴维·米勒：《社会正义原则》，应奇译，江苏人民出版社，2001，第 105 页。
② 〔英〕戴维·米勒：《社会正义原则》，应奇译，江苏人民出版社，2001，第 111 页。
③ 〔英〕戴维·米勒：《社会正义原则》，应奇译，江苏人民出版社，2001，第 121 页。

义强调市场规则的绝对性，而新自由主义反对这种功利主义，在尊重自由规则的基础上强调对社会处境不利群体的补偿。因此，他的社会正义理论原则包括平等自由原则和差别原则，之后的正义理论流派都是在继承与批判他的理论基础之上发展自身的理论脉络。诺奇克认为补偿原则的实施会伤及个体的权利，因此他提出了强调“持有正义”的资格正义理论，纠正罗尔斯的补偿原则过于强调平等而对既得利益者权利的侵犯。而以麦金太尔、戴维·米勒为代表的社群主义在20世纪80年代占据优势地位，他们提出基于社群的正义理论，强调尊重多元利益主体的善治和协同治理。

一 社群主义的批评

（一）个人与社会

在个人与社会的关系上，以罗尔斯为代表的新自由主义继承了西方自由主义的传统，强调个人至上，个人优先于社会和国家意志，后者只是实现个体目的和利益的工具性联合体。[①] 社群主义批判新自由主义个人至上的价值观，肯定社群集体这一拥有共同价值、规范和目标的实体的力量，认为社群生活决定个人价值认同和道德归属，个人以社群的共同目标为自己的目标，社会是个人生存和发展的构成性因素。[②] 将公共利益优先于个人权利，这是社群主义具有核心意义的结论，并在此基础上形成基本的正义观和国家观。本研究从不同利益相关群体的视角评价新高考公平性问题，关注不同利益群体的价值观念和公平诉求，而不仅仅关注制度的公平和个人的权利。

---

① 高原：《论公共参与教育治理的公益性危机——利益分析框架的构建与利益问题的反思》，《现代教育管理》2015年第8期，第8～12页。

② 俞可平：《社群主义》第3版，东方出版社，2015，第70页。

（二）社群之中的正义

在正义观方面，社群主义批判新自由主义普遍主义的正义观，强调在社群之中对正义观的共识。罗尔斯普遍主义的正义观是一种制度的正义、形式的正义，是社群生活实际的抽象化。而社群主义认为正义只存在于某个特殊的社群之中，不同社群形式需要不同的正义。同时，新自由主义的正义观是以个人为根基的、从个人出发的正义，以个人的平等性为前提的正义，是优先于善的观念的正义。而社群主义则是从社群的角度讲公平与正义，强调公民道德建设的重要性，强调正义的特殊性与历史性。总之，新自由主义普遍主义的正义观，是通过法律确定下来的程序正义、制度正义；社群主义强调社群成员的共识，是制度正义的必要补充。

（三）国家与公民参与

在国家和公民参与政治决策方面，社群主义反对新自由主义持有的国家中立的立场，提倡国家发挥积极作用，鼓励公民参与社会的公共生活，尽可能拓展政治参与的范围。[①] 尤其是在当前社会背景下，社会矛盾纷繁复杂，国家必然要发挥教育与调节功能，而不能在社会正义立场上保持中立。公民对政治生活的积极参与是公民的职责和美德的体现，是实现自我价值和个人权利的重要途径，也是防止专制集权的根本途径。[②] 社群主义强调积极权利理论，鼓励公民积极参与社群或社区治理活动。社群主义强调多元参与下的共同治理的观点，为本研究平衡不同利益相关群体的高考公平诉求提供了思路。

---

① 何霜梅：《正义与社群：社群主义对以罗尔斯为首的新自由主义的批判》，人民出版社，2009，第161页。

② 俞可平：《社群主义》第3版，东方出版社，2015，第122页。

二 社群主义的适用

从自由主义到社群主义关于正义与公平的关系、社群主义关于公平的情境性与多元性的观点都为本研究提供了借鉴。

（一）正义下的公平

西方社会正义理论都在正义的概念框架下讨论公平问题。罗尔斯提出公平的正义，诺奇克强调持有正义，米勒强调多元的正义观等，都力图在社会正义的理念下为破解公平的复杂性寻找答案。

公平与正义密切相关但又有所不同，正义强调价值取向的正当性，重视事情的现状、结果是否符合公正的要求或者规则，重视产生这种结果的程序公平性。公平，强调的是遵循同一个标准，用以防止某些群体或社会成员以双重或者多重标准损害其他群体或社会成员的利益，造成不公平的社会状态。正义的基本价值取向决定公平的正向意义，一旦丧失了公正、正义，即便是公平的游戏规则也会给社会带来负面的影响。[①] 总之，与公平相比，正义更加强调社会基本价值导向的正当性，而公平强调的是在同一标准尺度下利益分配的合理性，正义是比公平更上位的概念。

高考改革是对高考制度进行内省、优化和自我革新的过程，其目的是促进高考制度的合理化发展，当前我国高考改革进入攻坚期和深水区，需要按照公开、公正、公平的正义逻辑深入推进。[②] 本研究以社会正义理论作为高考公平问题的理论基础，就是在正义理论框架下对利益相关者视角中的高考公平性问题进行分析、解释、评判，通过程序公平对有失公正的政策进行矫正或者变通，继而为高考政策调整提供政策建议。

---

① 吴忠民：《关于公正、公平、平等的差异之辨析》，《中共中央党校学报》2003 年第 4 期，第 17 ~22 页。

② 王小虎、桑明旭：《论当代高考改革的正义性问题》，《中国高等教育》2017 年第 8 期，第 33 ~35 页。

（二）情境中的公平

社群主义正义理论关注群体与其环境的关系，而不再剥离这些关系、抽象出一种一般的理论框架。米勒倡导应该注意一般公众如何理解正义的经验直觉，提出在不同的社会情境中适用不同的正义规范。麦金太尔则强调在社会现实的历史背景下理解当时的正义观，强调从不同理论流派的论证逻辑及其对立面的角度来理解正义和合理性传统。米勒认为在这一点上他与麦金太尔是一致的，正义的哲学和社会学不能分离，只有将正义观放置到特定的社会情境之中才会有意义。[①] 总之，社群主义的观点为我们理解当前中国社会的公平观，以及各利益相关者的公平观提供了路径，可以通过分析中国社会现实和公平观的传统来理解和评价各利益相关者视野中的高考公平观。

中国与西方社会的国情不同，中国发挥后发优势用几十年的时间完成了西方社会几百年完成的路，社会正义理论的适用性也是与西方社会不同步的。因此，在西方社会某种理论占据统治地位数十年，在当下的中国可能是多种理论观点并存，而且都具有适用性，需要根据具体情境来加以区分。

（三）多元性的公平

在当代西方政治哲学中，正义既是政治哲学的基本概念之一，又是一种重要的政治价值。罗尔斯的正义理论在其中处于主导地位，很多政治哲学家正是以罗尔斯的正义理论为坐标，通过对其的批判、修正或发展而构建了各自的正义理论。从罗尔斯、哈耶克到诺奇克，从麦金太尔到米勒，都试图建立一种理论框架或者原则体系来处理公平问题的复杂性与多元性。如罗尔斯提出的正义的原则，以及其

---

① 〔英〕戴维·米勒：《社会正义原则》，应奇译，江苏人民出版社，2001，第 122 页。

按词典顺序的优先原则；哈耶克从社会福祉的角度论述公平问题，认为不公平在一定意义上能够增加社会福祉；诺奇克从个体权利的角度维护既得利益者的利益，强调持有正义；而麦金太尔则系统梳理关于正义的传统，强调从论述者的社会实践背景和论述逻辑的合理性中寻求对公平正义的信念结构，强调历史的和整体的正义；米勒区分人类关系的不同模式并进而提出适用的正义原则和内容，认为公平与正义是多元的，但不是完全不可协调的。笔者在研究之初也致力于梳理学术界普遍认可的公平原则，力图在同一逻辑框架内确定本研究的公平原则，作为协调不同利益诉求的基本依据，但事实证明这是一项难以完成的任务。公平与正义是多元的，从个体直觉、个人权利、组织结构、社群关系、社会结构，甚至国家与民族关系的角度来看，公平与正义的内容是不同的，有多少种视角就有多少种公平观。

社会正义理论从以罗尔斯为代表的自由主义发展到以米勒等为代表的社群主义，在批判中继承发展，他们在个人与社会的关系，普遍主义与社群主义的正义观，国家和公民参与政治决策方面都有不同的观点和立场。西方社会正义理论力图一劳永逸地处理公平的多元性与复杂性的理想并未实现，但是他们从各自视角构建正义理论的努力，他们对公平与正义的关系、程序公平与结果公平的关系的解释，关于品质的观点，为我们提供了解读高考公平性的视角。最后，社群主义关于公平的情境性、多元性的观点为本研究以质性研究为基础的研究设计提供了方法论依据。

第三章　高考公平性的价值变迁

高考制度变迁是一个复杂的过程。恢复高考40多年来，我国高考制度在选拔标准、招生计划分配、考试内容与方式、招生录取方式方面都呈现出缓慢的变化，尽管迂回曲折，但总体上呈现出更加注重学生全面发展、能力本位、综合评价和公平公正的价值取向。新一轮高考改革承袭历史而来，在历史与现实维度中呈现出面向未来的应然价值导向。这种价值导向的变迁是分析我国高考改革公平性变迁的宏观背景，也是分析利益相关者视域下新高考公平性评价的基本参考框架。

第一节　高考改革价值取向的变迁

一　选拔标准

1977年以来，教育部历年招生政策文件中都规定了当年招生工作遵循的基本原则和报考条件要求，从中可以看出，40多年来，我国高校招生的标准发生了显著变化：调整政治标准，放宽年龄限制，逐步拓展入学机会；从强化文化考察到重视德、智、体、美全面发展。高考选拔的标准从政治本位、知识本位逐步走向能力本位。

（一）拓展入学机会

首先，破除唯成分论，转而关注个人表现。1977年恢复高考后，我国高考政策逐步调整对考生政治标准的限制，凡是政治历史清楚，具有高中毕业或相当于高中毕业文化水平，身体健康者均可报考。教育部《关于 1978 年高等学校和中等专业学校招生工作的意见》指出，“要全面地正确地贯彻执行党的‘有成分论，不唯成分论，重在政治表现’的政策”。1979 年，教育部《关于高等学校录取新生政治审查工作的意见》强调，“政治审查，主要看本人的政治表现……父母及主要社会关系的政治问题和历史问题，一般不应影响考生的录取”。之后的 40 年，对高考生的政治审查主要看报考者本人的政治思想品德表现。

其次，放宽年龄限制，拓展社会成员入学机会。恢复高考的前 20 余年，高考政策文件中对考生报名条件一直都有年龄限制：“未婚，年龄一般不超过二十五周岁”，有实践经验者可以放宽到 28 岁。《2000 年普通高等学校招生工作规定》提出，从终身学习的理念和构建学习型社会的视角出发，进一步拓宽考生的报名条件，取消了对考生年龄和婚否的限制。《国务院关于深化考试招生制度改革的实施意见》（2014 年）强调扩大社会成员多样化教育机会，探索多种形式学习结果认证，构建人才成长的“立交桥”，北京方案和海南方案都提出拓宽社会成员终身学习通道。2016 年 9 月，教育部专门出台了《关于推进高等教育学分认定和转换工作的意见》，鼓励探索多种形式学习成果认定，以满足人民群众多样化学习和发展需要。

再次，完善非歧视政策。普通高等学校招生工作规定中对语言、性别和身体残疾者做出了非歧视政策的规定。一是对语言和性别的非歧视政策。《2000 年普通高等学校招生工作规定》明确“未经教育部批准，高等学校不得规定男女生比例，录取新生时一般不应限外语语种”。2003 年改为“对报考非外国语言文学类专业的考生不应限制统考外语语种”。2013 年规定“除军事、国防和公共安全等部分特殊院校（专业）外，高校不得规定男女生录取比例。高校不得对报考非外国语言文学类专业的考生作统考外语语种限制”。二是对身体残疾者的非歧视政策。《2000 年普通高等学校招生工作规定》明确，“对符合体检标准、高考成绩达到要求的残疾考生，高等学校不能仅因其残疾而不予录取”。2002 年对残疾考生的限制条件是“肢体残疾、生活能够自理、不影响所报专业学习，且高考成绩达到要求”。2017 年的规定是“对高考成绩达到要求、身体条件能够完成所报专业学习、生活能够自理的残疾考生，高校不能因其残疾而不予录取”。

最后，将违规者拒之门外。主要表现为在报考条件中明确了不得报考人员的条件，明确了思想品德不合格人员的要求。2009 年以来，我国普通高等学校招生工作规定除了限制高校在校生、非应届毕业的在校生、服刑者参加高考之外，替考或者考试作弊的学生也被限制参加高考。这既维护了参加考试者的共同起点，也对破坏考试规则的学生加以惩罚，维护高考形式的公平与公正。

总之，进入 21 世纪以来，我国高校招生的标准发生了明显的变化，逐步放宽了对年龄、婚否和政治标准的限制，违法乱纪以及破坏考试规则的考生被排除在高校的大门之外，除个别专业外对考生的语言、性别和身体残疾都做出了非歧视政策规定，维护入学标准的公平公正。

（二）注重综合评价

“文化大革命”期间取消了对考生文化条件的要求，严重影响教育质量，造成人才的青黄不接。因此，1977 年恢复高考后我国高考招生一直重视文化考察，重视质量问题，坚持以考试为主的学术评价标准，为改革开放后经济社会发展培养了大量急需的人才。1993 年，国家教育委员会《关于加快改革和积极发展普通高等教育的意见》明确指出，招生工作要坚持“入学考核以文化考试为主”的原则。《2002 年普通高等学校招生工作规定》强调，“高等学校招生工作应贯彻公平竞争、公正选拔，德智体全面考核、综合评价、择优录取，入学考核形式以文化考试为主的原则”。“综合评价”首次成为高校招生工作的基本原则。《2003 年普通高等学校招生工作规定》取消了“入学考核形式以文化考试为主的原则”的表述，并将“德智体全面考核”调整为“德智体美等全面考核”。《2006 年普通高等学校招生工作规定》加入“公开透明的原则”，“公平竞争、公正选拔、公开透明的原则，德智体美全面考核、综合评价、择优录取”的基本原则沿用至 2018 年。《2019 年普通高等学校招生工作规定》中强调了劳动教育的重要性，指出“高校招生工作应贯彻公平竞争、公正选拔、公开透明的原则，德智体美劳全面考核、综合评价、择优录取新生”。图3－1为 2000～2019 年我国普通高校招生工作基本原则。

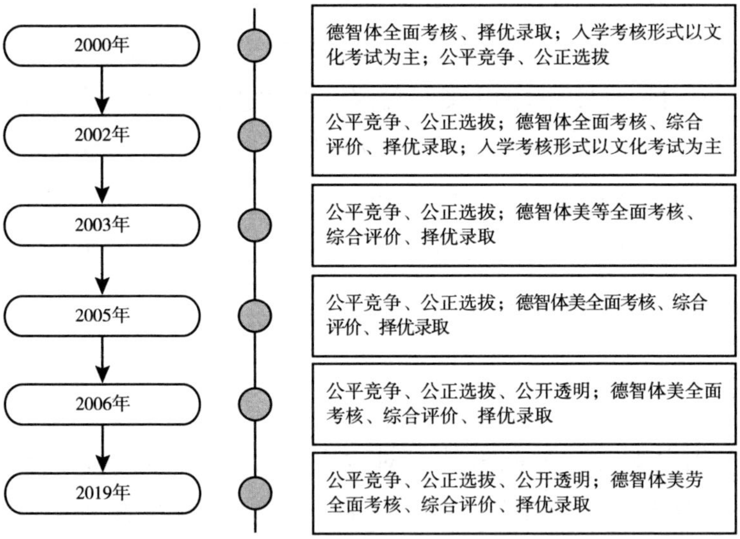

图 3－1　2000～2019 年我国普通高等学校招生工作的基本原则

概而言之，恢复高考之后我国加强对考生的文化考察，强调为经济社会发展培养高质量的建设者；进入 21 世纪之后，“应试教育”倾向备受诟病，为了培养经济社会发展需要的多样化、高素质的高级专门人才，满足人民群众日益增强的受教育需求，高校招生强调学生德智体美劳全面发展，人才选拔的标准从政治本位、知识本位逐步向全面发展和综合评价转变。

二　招生计划分配

招生来源计划，又称作“省（自治区、直辖市）分专业招生计划”（2004 年）、“分省（区、市）分专业招生计划”（2008 年），是我国招生名额分配的重要制度设计，规定各级教育主管部门和高校的权利、招生计划分配考虑的因素、定向招生计划、跨省招生计划、招生来源计划编制等，涉及多方利益考虑。从招生来源计划的政策变迁可以看出我国高校招生计划分配的政策演变过程。恢复高考 40 多年来，我国高校招生计划分配体现出强烈的国家意志，体现在国家宏观调控背景下高校有限的自主权，招生计划秉承以生源质量为主、兼顾地区平衡的原则，以及对社会处境不利群体进行的政策补偿。

（一）注重宏观调控

一是国家宏观调控背景下高校有限的自主权。2000 年以来的招生来源计划，既强调国家对普通高等学校招生规模的限制，又强调高校在有关编制工作和招生章程方面的要求。2015 年，高校编制招生计划还需要遵从招生章程规定的招生计划分配原则和办法，同时强调各级教育行政部门和高校都须在“国家核定的普通高等教育年度招生规模内”编制、调整、执行招生来源计划。对跨省招生计划的协调，一方面强调高校在国家核定的年度招生规模内预留计划，另一方面强调高校自行决定是否预留以及预留计划数，但需要将计划数公开，2004 年限定了本科预留计划的比例不得超过本校本科计划总数的 3%，2005 年缩减为 1%，这一比例沿用至今。2013 年开始规定“高校须将预留计划数及其使用原则等向社会公开”。

二是招生计划分配向重点高校、考生质量好的地区倾斜。1984年，教育部发布《关于改革教育部部属高等学校招生来源计划的意见》，强调贯彻择优录取的原则，将年度计划招生数的30%～35%安排到考生质量与招生工作较好的地区；同时，招生来源计划也兼顾到面向农村和艰苦地区、行业定向招生。21世纪以来，西部省区市的招生来源计划有所增加，随着高校扩招后入学机会的城乡和区域差异的扩大，高考政策更加关注招生计划分配的公平性。教育部《2006年普通高等学校招生来源计划管理试行办法》明确提出，部属高校招生要按照“生源质量为主，兼顾地区平衡”的原则，在保持各地计划总量相对稳定的同时，将计划增量部分向中西部高等教育欠发达且生源质量好、数量多的省区倾斜。2013年以来，政策文本中开始关注进城务工人员随迁子女就地参加高考的问题，督促省级教育行政部门制定“异地高考”方案，加强对“高考移民”的综合治理。

（二）补偿促进公平

新一轮高考改革中，国家方案、北京方案、天津方案和海南方案都将改进招生计划分配方式作为高考改革的主要任务，包括以下三点。

一是提高中西部地区和人口大省（区、市）高考录取率。国家方案提出，提高中西部地区和人口大省（区、市）高考录取率，继续实施支援中西部地区招生协作计划，控制属地招生比例。促进招生计划的区域均衡是国家的主要责任，地方方案中并没有对此做出回应。

二是增加农村学生上重点高校人数。国家方案提出，继续实施国家农村贫困地区定向招生专项计划，形成保障农村学生上重点高校的长效机制。山东方案和海南方案都对此做出回应，实施专项计划增加农村学生入学机会，山东方案还提出控制招生范围区域和考生资格审核，在落实国家政策方面有更加精细化的规定。

三是完善中小学招生办法，破解择校难题。基础教育资源分布不均衡是影响高考公平的重要因素，因此，国家方案提出完善中小学招生办法破解择校难题，推进义务教育均衡发展、完善义务教育免费就近入学办法、高中阶段教育机会的分配以及进城务工人员随迁子女就学和升学问题等。北京、山东、海南、天津方案都对此做出回应，尤其是北京提出一系列措施解决择校问题，推广热点小学、初中多校划片，合理确定片区范围等措施，在全国做出表率。

总之，21 世纪以来，我国招生计划分配依然主要面向生源质量较好的地区，民族班、民族预科班、国防生、免费师范生等定向招生计划依然存在，但招生政策更加关注区域公平和城乡公平，关注进城务工人员随迁子女入学问题和贫困地区农村考生上重点大学问题。高考改革从效率优先向公平效率兼顾转变，强调公平性价值取向。

三 考试内容

恢复高考 40 多年来，我国高校招生考试的科目设置和考试内容发生了很大变化：考试科目逐步减少，文理从分科走向融合；高考内容从注重考察知识的获得，转向考察学生的创新精神、综合素质及问题分析能力，强调能力立意。新高考增加了学生的选择性，更加尊重学生个体差异与兴趣，重视能力考察。

（一）文理从分科走向融合

1977 年以来，我国高考科目设置经过了从文理分科到文理融合的发展变化（见图 3－2）。尤其是 1987 年后，开始探索在普通高中会考基础上减少考试科目，形成各种科目组合，由高校确定选考科目组合。1987 年，上海市率先开始在会考基础上高考科目改革的试点，将高考科目减少为四门，分为六组。1992 年，国家教育委员会《关于在普通高中毕业会考基础上高考科目设置的意见》提出，按文理分科设置考试科目，文科考语数外加历史和政治，理科考语数外加物理和化学，语文和数学分别根据文理科的特点在试题内容方面适当加以区别，从 1993 年开始逐步实施。

1999年以后，我国开始实施“3+X”科目设置，探索文理综合。1999年，教育部《关于进一步深化普通高等学校招生考试制度改革的意见》提出，在广东省前期试点的基础上，试行“3+X”科目设置方案。“3”是指语文、数学、外语三门考试科目；“X”是指，由高等学校根据本校层次特点的要求，从物理、化学、生物、政治、历史、地理六个科目或者综合科目中自行确定一门或几门考试。2000年开始，在广东、山西、吉林、江苏、浙江五省试点，并逐步推开。这一时期的高考内容改革强调对考生能力和素质的考察，《教育部关于做好2007年普通高等学校招生工作的通知》指出，进一步深化高考内容改革，着力体现全面实施素质教育和培养创新人才的要求。

2014年《国务院关于深化考试招生制度改革的实施意见》指出，浙江和上海作为高考综合改革首批试点省份进行高考科目设置改革。增强高考与高中学习的关联度，考生成绩由统一高考的语数外三科成绩和高中学业水平考试三科成绩构成，取消文理分科，外语两次考试机会，增强学生科目选择的自主性。各地在落实国家方案方面各有不同，比如浙江是从思想政治、历史、地理、物理、化学、生物、技术（含通用技术和信息技术）等7门设有加试题的高中学业水平考试科目中，选择3门作为选考科目；上海是从普通高中6门学业水平考试科目成绩中自主选择3门的成绩作为等级性考试科目成绩；山东也是6选3，探索将技术（含信息技术、通用技术）科目纳入等级考试科目。2019年公布的辽宁、河北、江苏、湖南、湖北、广东、重庆、福建8省份高考综合改革方案普遍采用“3+1+2”的选科组合，即语数外3科之外，从历史或物理中选择1门，化学、生物、地理、政治4门科目中选择2门。至此，我国高考改革科目组合有“语数外+文综或理综”“语数外+6选3”“语数外+7选3”“语数外+1+2”四种科目组合。

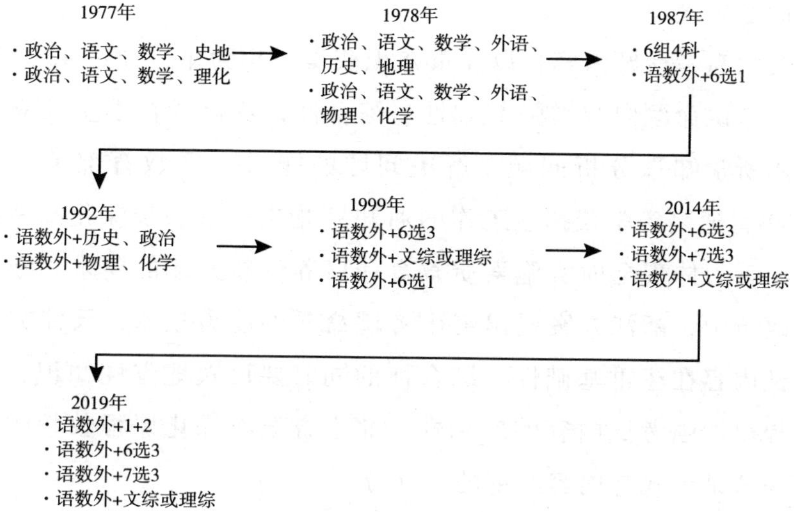

图 3－2　我国高考科目设置变迁（1977～2019 年）

（二）命题强调能力立意

恢复高考 40 多年来，我国高考命题方式从分散到集中几经反复，更加注重考试质量；命题内容从注重考察知识的获得，转向考察创新精神、综合素质及问题分析能力，强调能力立意。

1977 年，我国高考由省、市、自治区组织考试命题，县（区）统一组织考试。1978 年调整为全国统一命题，省、市、自治区组织考试、评卷。2000 年开始，在广东、山西、吉林、江苏、浙江五省试点，并逐步推开。2002 年，北京开始自主命题，到 2006 年自主命题的省份达到 16 个，高考命题采取统一命题（全国卷）与分省自主命题（地方卷）相结合的方式。同时为保证国家教育考试的质量和社会公信力，我国高考考试命题方式由分散走向集中，2016 年使用全国统一试卷的省份从 15 个增至 26 个，国家教育考试机构命制多套不同的卷种供有关省份选用，形成“以统为主、统分结合”的命题格局。考试命题方式以统为主、统分结合，保证试卷信度和效度，提高命题质量。[①]

我国高考命题内容从以注重知识获得考察为主，经过40多年的发展，考试命题内容增强基础性、综合性，着重考查学生独立思考和运用所学知识分析问题、解决问题的能力。《教育部关于做好2007年普通高等学校招生工作的通知》指出，进一步深化高考内容改革，着力体现全面实施素质教育和培养创新人才的要求。新一轮高考改革中，浙江方案提出突出考试命题的能力立意，天津方案提出考试内容在注重基础性、综合性的同时要反映地方性知识，山东方案提出增强考试内容的应用性。北京方案将深化课程教学改革作为高考考试形式与内容改革的一部分。

四　考试方式

恢复高考40多年来，我国高考招生从“一考定终身”的单一选拔方式，向一年两考、多次选择、综合评价和多元录取的方式转变，致力于消除过去唯分数论的弊端，实现综合评价、科学选才。新高考改革在考试方式上主要通过完善中学生学业水平考试，完善中学生综合素质评价，重视学生的全面发展和综合评价。

（一）预选基础上的统考

1977年，我国恢复高考后的第一次考试采取口试和笔试等多种形式，提倡开卷考试。同时，还试招收少数应届高中毕业生直接上大学。1979年，我国实施全国统一试题、统一录取标准、统一安排、统一划定重点院校录取分数，也允许考生人数较多的省、市、自治区在高考前进行预选。1980年，四川、湖南、陕西、湖北等省结合高中毕业考试进行预选。1981年，放宽预选的人数，并将预选下放

① 钟秉林、王新凤：《我国高考改革的价值取向变迁与理性选择——基于40年高考招生政策文本分析的视角》，《教育研究》2017年第10期，第12~20页。

到中学。1987 年，国家教育委员会颁布《普通高等学校招生暂行条例》，明确我国普通高等学校招生实行统一考试，而统考前是否预选由地方招生委员会决定。1987 年，国家教育委员会同意上海在会考基础上减少高考科目。1989 年，国家教育委员会发布《关于试行普通高中毕业会考制度的意见》，将会考作为检查、评估高中阶段教学质量、考核高中毕业生文化课学习是否合格的手段。1990 年，国家教育委员会决定用两年时间在全国逐步实行普通高中毕业会考制度。1993 年，开始实施会考科目基础上的高考科目设置方案，高考成绩基本相同时，可参照普通高中会考成绩决定取舍。

（二）统考基础上的多元评价

1993 年，国家教育委员会提出，对在培养人才方面有特殊要求的学校或专业，经过批准可以按系统或地区，联合或单独组织招生考试，并按有关规章录取新生，把选拔新生的职权放到学校。2003 年，我国开始在部分高等学校开展自主选拔录取的试点，探索以统一考试录取为主、多元化考试评价和多样化选拔录取相结合的选拔机制。2007 年以来，我国通过高中新课程试验的省（区、市）、自主选拔录取试点高校、高考综合改革试点省份积极开展多元选拔机制的试验探索。2014 年《国务院关于深化考试招生制度改革的实施意见》提出，要探索基于统一高考和高中学业水平考试成绩、参考综合素质评价的多元评价方式。国家和地方方案都提出完善高中学业水平考试，包括学业水平考试的内容、考试安排、考试管理等方面，同时对综合素质评价的功能、内容、管理、使用以及评价都做出了要求。

五　招生录取方式

恢复高考 40 多年来，“尊重志愿、分数由高到低、择优录取”是我国高等学校录取新生的一贯原则，高考录取看重分数，优先保证重点高校生源，注重效率。新高考改革通过实施平行志愿，取消录取批次，规范和减少加分，探索综合评价招生等措施，在保证生源质量的基础上更加强调录取的公平性。

（一）取消录取批次

新中国成立后，为了适应经济社会的发展，培养各行各业急需的人才，保证高等教育的质量，我国一直实施向重点高校倾斜的录取政策。《教育部关于 1979 年高等学校招生工作的意见》规定，要优先保证重点院校新生质量。全国重点院校如按规定的录取分数线在某些地区不能完成招生任务时，允许调整到成绩较好的地区录取，之后第一批次录取高校数量逐年增加。《2000 年普通高等学校招生工作规定》指出，“对各‘211 工程’项目高校，各省、自治区、直辖市招生委员会一般应安排在第一批录取”。2002 年删掉了这一条规定。2004 年，更改为“但同一学校、同一专业、同一学历层次的招生计划，在同一省（自治区、直辖市）须安排在同一批次录取，并执行经有关部门批准的相同学费标准”。2007 年，增加“高等学校中外合作办学专业，应与本校在同一地区招生的其他专业安排在同一批次录取”。我国高校分批次录取的政策保证了重点高校录取新生的质量，但也固化了高校身份，造成高校间的不公平竞争。新高考方案设计逐步取消录取批次，但各省区市进度不一：北京从 2017 年起将本科二批和三批合并为本科二批；山东从 2017 年起夏季高考本科段招生除提前批次外，实行统一批次录取；浙江从 2016 年开始合并本科第一、第二招生批次，按考生总成绩，分大类实行平行投档。

（二）实施平行志愿

历年高等学校招生工作规定中都明确高校录取时要处理好分数与志愿的关系。《2000 年普通高等学校招生工作规定》强调志愿优先，“当考生德智体、高考总成绩及相关科目成绩大体相当时，不得退掉第一志愿的考生而要求录取非第一志愿的考生；当同批录取控制分数线以上第一志愿的考生档案不足时，不得拒绝录取非第一志愿报考的考生”。2002 年教育部确定了高校调阅档案的比例，以及公开透明的原则。2008 年，教育部鼓励各省（区、市）采取平行志愿投档。2009 年，明确了实行平行志愿投档的规则和方式，在湖南、江苏等 16 个省份进行平行志愿投档改革试点。2014 年，《国务院关于深化考试招生制度改革的实施意见》指出，要推行并完善平行志愿投档方式，增加高校和学生的双向选择机会。当前，部分省区市已经实行平行志愿投档，尊重学生个体的选择意愿，强调分数面前人人平等。总之，通过逐步取消录取批次、实施平行志愿投档模式，高考录取尊重了高校的多样化发展机会，增加了学生的选择机会。

（三）规范加分政策

1977 年，我国高校录取新生，根据专业不同对考试成绩有所侧重，优先保证重点高校、医学院校、师范院校、农业院校，注意招收少数民族学生、港澳台和归国华侨青年、女学生等。经过 40 多年的发展，高考加分政策受惠群体大为扩展，分为加分录取、减分录取、优先录取、加分投档等多种优惠政策。2014 年，教育部开始大幅度减少、严格控制高考加分项目。国家方案中提出要大幅减少、严格控制考试加分项目，2015 年起取消体育、艺术等特长生加分项目。教育部等部委联合出台了《关于进一步减少和规范高考加分项目和分值的意见》明确了减少和规范高考加分的项目以及分值。北京方案规定，少数民族考生加分范围调整为“从边疆、山区、牧区、少数民族聚居地区在高中教育阶段转学到本市的少数民族考生”，加分分值为 5 分，仅适用于北京市属高校招生录取。上海方案和海南方案均提出，逐步将高考加分的激励导向功能转移至学生综合素质评价之中。《2018 年普通高等学校招生工作规定》

中，全面取消了体育特长生、中学生学科奥林匹克竞赛、科技类竞赛、省级优秀学生、思想政治品德有突出事迹等全国性高考加分项目。

（四）完善自主招生

1993 年，国家教育委员会提出，对在培养人才方面有特殊要求的学校或专业，经过批准可以按系统或地区，联合或单独组织招生考试，并按有关规章录取新生，把选拔新生的职权放到学校。2003 年，我国开始在部分高等学校开展自主选拔录取的试点。2007 年以来，我国通过高中新课程试验的省（区、市）、自主选拔录取试点高校、高考综合改革试点省份开展多元选拔机制的试验探索。2014 年《国务院关于深化考试招生制度改革的实施意见》提出，要探索基于统一高考和高中学业水平考试成绩、参考综合素质评价的多元评价方式。同时提出要完善自主招生，试点高校不得采用联考方式或者组织专门培训，控制招生规模，从 2015 年起自主招生安排在统考后进行。各地方案都强调规范录取程序和要求，做到信息公开公示，实现程序公平。2020 年 1 月，教育部印发《关于在部分高校开展基础学科招生改革试点工作的意见》，决定自 2020 年起，在部分高校开展基础学科招生改革试点（也称“强基计划”），同时，不再组织开展高校自主招生工作。“强基计划”借鉴自主招生与综合评价招生的经验，将创新型人才的选拔与培养结合起来，也力图解决自主招生中存在的问题，如取消论文、专利等作为入围高校考核条件的做法，将高校考核安排在高考成绩发布后，考生综合成绩中高考成绩原则上不低于 80% 等。进一步严格规范招生程序，建立更高水平的公平保障机制等，体现了促进人才选拔的公平性、实现社会正义的政策导向。

综上所述，恢复高考 40 多年来，我国高考改革具有渐进性和连续性的特点，呈现注重科学性、自主性、选择性和公平性的基本价值取向。[①]

第一，注重考试的效率，强调科学选拔人才。高考科目设置逐渐减少，增强了高考的选拔性功能。文理从分科走向融合，顺应经济社会发展和科技发展趋势，引导中小学生全面发展。考试内容以知识学习为基础，强调能力立意。积极探索多元综合评价。这些改革措施的目标都是提高选拔人才的效率，注重人才选拔的科学性。

第二，注重多元选拔人才，注重扩大高校自主权。20 世纪 90 年代开始允许高校按照各自特色、风格和专业要求培养人才，把选拔新生的职权放到学校。2003 年部分高校探索自主招生试点，新高考改革探索“两依据一参考”的综合评价机制，逐步取消录取批次，尝试多元录取方式，都提倡注重高校招生自主权的价值取向。

第三，注重增加学生的选择性，引导学生全面发展。高考招生的基本原则调整为德智体全面发展；加分政策从注重对少数民族等群体的政策补偿，逐步增加科技创新、志愿者服务等方面加分项目；高考科目从文理分科，设置文综、理综固定科目，改革为学生根据自身发展和高校要求自主选择三科参加等级考试；英语等科目实行一年两考等。这些改革举措都体现了以学生为本，给学生提供更多选择机会的重要价值取向。

第四，注重公平性，增加弱势群体入学机会。公平公正作为高考改革的首要价值取向，其内涵与外延也在发生变化，具体表现在：注重个人政治表现，冲破家庭出身论的桎梏，取消年龄和婚否的限制，扩大受教育机会；清理和规范加分政策，出台“异地高考”政策，规范自主招生政策，维护入学机会公平；调整招生计划，缩小

① 钟秉林、王新凤：《我国高考改革的价值取向变迁与理性选择——基于 40 年高考招生政策文本分析的视角》，《教育研究》2017 年第 10 期，第 12～20 页。

省际高考录取率差异，增加农村和贫困地区学生上重点大学的人数，促进教育公平和社会公正等。

第二节 高考公平实践逻辑的演变

1977年恢复高考后，国家从性别公平、城乡公平、民族公平、坚决反对不正之风等多方面关注社会公平问题。恢复高考是社会公平与公正的重建，是社会流动机制的重建，逐步形成一种以知识和能力为标准的选拔机制。恢复高考40多年来，高考改革在推进形式正义和实质正义方面有了显著的成效：报考机会面前人人平等，实现机会的平等；分数面前人人平等，实现选拔标准的客观性与公正性；选择面前人人平等，达到录取条件的学校无权拒绝且其他高校无权强制录取，具有正义的属性。[①] 我国初步建立了相对完整的考试招生体系，权威性与公平性得到社会认可，迄今为止高考依然被认为是最公平、公正的人才选拔制度。

新中国成立之初，我国高考政策聚焦于保障工农子女入学机会，确保考生政治质量和学业质量。改革开放之后，随着经济的复苏和快速发展，高考政策以效率与质量优先，侧重对学生德智体美的全面考察。21世纪以来，我国开始实施专项计划、协作计划等高考补偿政策，关注对社会处境不利群体的补偿。新高考规范加分政策、完善自主招生政策等一系列举措，关注多方利益诉求，使高考公平具有了复合的特点。社群主义从权利政治向公益政治的转向、关注多元参与下的共同治理等观点，为解读我国高考公平政策的复杂性提供了思路。

---

① 王小虎、桑明旭：《论当代高考改革的正义性问题》，《中国高等教育》2017年第8期，第33~35页。

一　效率优先的拨乱反正

新中国成立后，尤其是改革开放后，中国开始逐步建立起中国特色的社会主义市场经济。过去40多年来中国经济社会发展发生了巨大的变化，完成了西方社会一百多年才完成的工业化进程，在这个过程中我们的发展理念是让一部分地区、让一部分人先富起来，先富带动后富，逐步达到共同富裕。社会正义的原则就是在遵循市场经济效率至上的原则之上，兼顾公平。反映在教育领域，就是集中力量办大事，高考改革注重效率优先，确保质量。邓小平说，“办教育要两条腿走路，既注意普及，又注意提高。要办重点小学、重点中学、重点大学。要经过严格考试，把最优秀的人集中在重点中学和大学”①。1977年恢复高考后，我国高校录取学生都要优先保证重点院校，此后，我国高校招生按照批次录取，保证了重点高校录取新生的质量，体现了效率优先的原则，包括我国陆续实施的“985工程”、“211工程”以及当前的“双一流”建设项目都体现了这种效率优先的原则。

这个时期，我国高考无论是在招生计划分配、考试内容与方式还是招生录取方式的改革中都体现了一种绩效主义的公平观，优先将最优秀的人才选拔出来，并将其培养成社会最需要的人才，为经济社会发展服务，增加社会整体福祉，以此纠正新中国成立后计划经济体制之下政治挂帅的高考公平观。

二　公平导向的政策补偿

新一轮高考改革以促进公平为主要价值导向。国家提出提高农村地区上重点大学的人数，缩小区域之间高考录取率的差距，减少和规范高考加分项目，加强对考生的诚信和警示教育，对考

---

①　杨学为编《高考文献（下）（1977—1999）》，高等教育出版社，2003，第1页。

试过程中的违规行为立法等。地方高考综合改革方案也将促进公平公正作为高考改革的基本价值取向，高考公平内涵逐步拓展为机会公平、程序公开和结果公正。如北京方案提出“坚持以人为本，勇于创新，以首善标准推进考试招生制度改革，不断提升人民群众对改革成果的获得感”，促进高考公平成为关系国计民生的重要议题（参见图3－3）。

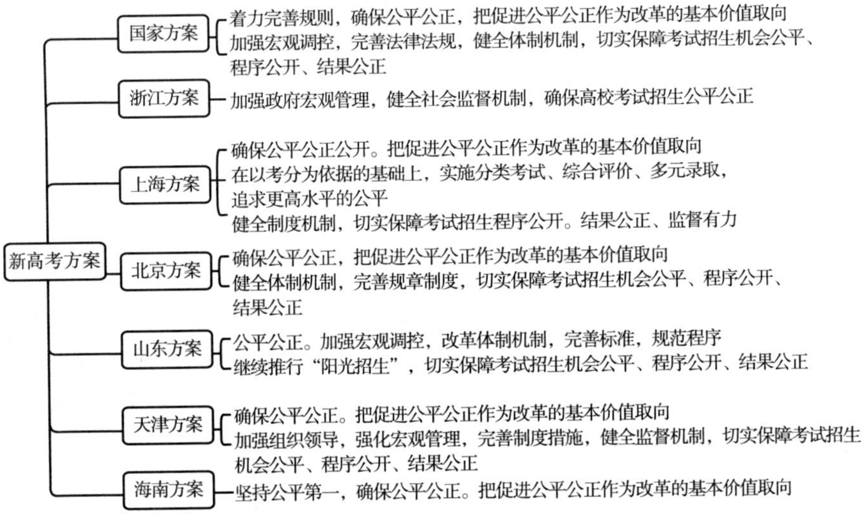

图3－3　新高考改革方案促进公平的基本原则

经过改革开放40多年的发展，中国社会发生了翻天覆地的变化。中国成为世界第二大经济体，国民财富迅速增长，解决了13亿多人口的温饱问题，与此同时社会财富的两极分化加剧，在此背景下，中国社会开始强调对弱势群体的补偿。反映在高等教育领域中，在高等教育大规模扩张之后，高等教育入学机会的阶层、城乡、区域差异拉大，为弥补前期快速发展给社会公平造成的影响，新一轮高考改革提出增加农村学生上重点高校人数、缩小区域高考录取率的差距等一系列对社会处境不利群体的补偿政策，对快速发展过程中落在后面的群体进行补偿。这个阶段，中国社会的正义观是：一方面保证人民群众拥有接受高等教育的平等权利，通过扩大高等教育规模，增加人民群众的入学机会，另一方面对社会处境不利群体进行政策补偿。

当前社会背景下，利益群体日益多元，随着各领域深化改革的推进，不同利益群体之间的矛盾更加凸显，新高考改革过程中产生的对公平性问题的诸多争论都可以从诺奇克“持有正义”的观点中得到解释，尤其是反思对社会处境不利群体的补偿政策是否会造成反向歧视：对少数民族的学生进行加分政策，对少数民族聚居地区汉族学生是否公平；为缩小中西部省份招生录取率的差异，实施中西部招生协作计划对属地学生是否公平；对农村和贫困地区实行专项计划，对农村地区的城市户口的学生是否公平；放开异地高考政策限制，对属地学生是否公平。按照诺奇克的观点，家庭的经济资本、文化资本、社会资本的积累本身也符合正义的程序，处于较好家庭背景之下的学生在教育机会的获得上更有利，但他们的权利和资格也应该得到保障，而不是重新陷入平均主义的老路。面对多元利益者群体的争议，我国的社会正义观更倾向于多种原则并存，在多元参与视角下实现共同治理。

三　多元参与的共同治理

恢复高考 40 多年来，随着中国社会结构变迁、体制改革深化以及教育规模扩张，高等教育利益相关者增多，高考改革牵涉多元利益主体，包括各级政府、发达地区和欠发达地区、不同社会阶层、不同性别群体等。不同利益群体关于高考改革的利益诉求和利益冲突会以价值观的形式体现在社会舆论、学术争论和政策制定中，呈现不同的、矛盾的甚至相悖的价值取向，如：现行的分省定额、划线录取政策，导致了省级政府与区县政府之间、区县政府之间的利益博弈；“异地高考”政策的制定和实施，体现出户籍人口和外来人口间的利益冲突；实行加分政策、自主招生、综合素质评价等，对弱势阶层子女不利；等等。高考改革政策的制定往往折射出不同利益群体的利益“博弈”，必须平衡各方利益诉求，争取最大限度的价值共识。[①]

从不同的层面、不同的角度看待高考公平问题，就会有不同的结论：作为一种国家人才选拔制度，高考具有工具主义的倾向；作为一种社会资源，高考公平又体现社会资源分配的公平性，应该尊重受教育者获得教育机会的权利；作为一种教育制度，高考又具有促进人的发展的终极目的，高考公平又体现为受教育者个体的选择性与全面发展。在多元利益诉求冲突下，完善多元主体共同参与下的社会治理体系成为当务之急。十九届四中全会通过《中共中央关于坚持和完善中国特色社会主义制度 推进国家治理体系和治理能力现代化若干重大问题的决定》，提出完善党委领导、政府负责、民主协商、社会协同、公众参与、法治保障、科技支撑的社会治理体系，为教育治理体系与治理能力的现代化指明了方向。面向新时代，高考改革应更多关注相关利益群体的多元诉求，促进多元参与下的共同治理，促进治理体系与治理能力的现代化，进而实现程序公平。

恢复高考 40 多年来，我国高考改革呈现出注重科学性、自主性、选择性和公平性的价值取向。高考公平性的内涵逐步丰富，拓展为机会公平、程序公平和结果公平等不同层面，形成了公平竞争、公正选拔、公开透明的指导原则，反映为在招生计划分配上强调对社会处境不利群体的补偿、在考试内容上强调学习者的选择自主权、在考试方式与招生录取方式上强调对考生的多元与综合评价等。西方社会正义理论内在逻辑关系的演化，与我国社会正义的实践逻辑发展具有一定程度的一致性。当前，我国高考公平观呈现复合的特点，既注重效率与质量，又强调对弱势群体的补偿，逐步走向观照多元利益诉求的共同治理之路。

---

① 钟秉林、王新凤：《我国高考改革的价值取向变迁与理性选择——基于 40 年高考招生政策文本分析的视角》，《教育研究》2017 年第 10 期，第 12 ~ 20 页。

第四章　新高考的实施效果[*]

第一节　改革的成效

2017 年 8 月，各高校招生录取工作结束，标志着新一轮高考综合改革试点“平稳落地”，各利益相关群体评价较为平稳，各方获得感较强。学生、高中、高校和行政四类利益相关者普遍关注到了高考对学生发展的促进作用，尤其对学生全面发展的促进作用是各利益相关者的共识，初步实现了以人为本、教考联动、科学选才和促进公平的改革目标，促进高中学校特色发展。

一　以人为本

高考综合改革对学生发展的积极作用集中体现在满足学生的兴趣发展需求、增加学生的选择机会以及促进学生全面发展等方面。同时，还打破了“一考定终身”的传统高考弊端，分散了高考的压力，有利于学生的能力培养。选课走班制在一定程度上加强了学生之间的交流，增强了学生的社会交往能力。由文理分科到“3 +3” 选科增强了知识的完整性。

一是满足学生兴趣特长与选择性需求。高考综合改革在科目选择和平行志愿录取环节赋予了学生选择权，学生、高中、高校和行

---

* 王新凤：《利益相关者视角下的高考综合改革实施效果分析》，《中国考试》2019 年第 1 期，第 24 ~29 页。

政四类群体都认为尊重学生的兴趣和选择，是此次高考改革最大的亮点之一。有学生认为，自由选科后可以根据自己的兴趣爱好，避开弱势学科，选择优势和擅长的学科，自由规划高中三年的学习，避免过早文理分科对发展的限制，“越学越开心，学习体验比较好”（浙江 M1S3，2017）。中学校长和教师认为，过去“补短”的教育成为“扬长”的教育，学生获得更高效和愉悦的学习体验；从固定班级教学中的被动角色，转变为主动选择的角色，有助于激发学生学习兴趣和积极性及自主意识，有助于促进学生全面而有个性的发展和学生综合素养的养成。高校招生部门管理者认为，可以招收到具有文理贯通和交叉学科知识基础的生源，满足各专业对学生基础知识的不同要求。考试机构管理者认为，这种选择性的效果体现为投档率、志愿的满足率高，退档率低，在一定程度上可望避免入学后转专业的问题。

二是促进学生全面发展。新高考改革后学生的全面发展主要体现在实施学生综合素质评价方面。上海市的综合素质评价重视学生的社会实践活动和研究性学习，在基础教育领域具有一定的导向功能，促进中学、家长和学生一起重视学生的全面发展和综合素质的提升。学生在社会实践活动中获得了职业、历史文化、新知识、社会责任感等多方面的新体验；有些中学将研究型课程、艺术教育等特色指标融入综合素质评价，更好地反映学校自身的特色，促进学生的全面发展。

三是打破“一考定终身”。这一点主要体现在“3 + 3”考试科目设置和综合评价招生方面。综合评价招生是指按照“两依据一参考”，即依据统考成绩和学考成绩，参考中学生综合素质评价结果录取学生，浙江省实施“三位一体”综合评价招生，上海市按照6∶3∶1的比重确定统考、面试和学考比重，这都赋予了学生更多选择机会，增强了学生的获得感。如有学生说：“‘三位一体’给高考分数低一点儿的学生提供了机会，我裸分是上不去的，但通过‘三

位一体'能够上。"（上海 U1S1，2017）

四是分散考试压力。根据《国务院关于深化考试招生制度改革的实施意见》，高考被分为学业水平考试和统一高考两个环节，学业水平考试分为合格性考试和等级性考试。浙江省实行学考与选考二考合一，一年两考，原有一次性高考分解为多次考试，在一定程度上缓解了考生的心理压力。考试机构管理者认为，高考承受的社会压力减轻不少。访谈学生对多次考试总体上是欢迎的，认为可以降低偶然性，分散考试压力。

五是强化能力培养。访谈中，中学校长和教师都多次提到新高考试题更加强调能力培养，并认可这种以能力培养为导向的改革方向。"近两年等级考的命题在学科素养方面的体现比较明显，强调综合的思维能力、人际关系，有涉及环境的问题，有青藏高原地震的问题，还有实践活动能力等。"（上海 M7T4，2017）

六是增强知识的完整性。文理分科转为"3＋3"科目设置之后，在一定程度上实现了学习知识完整性的政策改革初衷，如有学生认为，"学科与学科之间是有联系的，纯理和纯文的同学感觉更明确。举个例子吧，历史考试中有一个题目，要求将人类冶炼铜铁铝金属的顺序写出来，开始就是死记硬背，但历史与化学结合，就是转变金属活动性的问题，文理是可以互相促进理解的"（上海 U2S10，2017）。

七是拓展人际交往空间。选课走班制的实施，让学生失去了原有行政班级管理的稳定性，但同时也因为选科不同，加强了不同班级学生之间的互动与交流，除了行政班级的同学之外，还有选科班级的同学，拓展了学生学习、生活和交往的空间。

二　教考联动

高考综合改革促进中学办学特色的发展，倒逼高中学校加快推进教学管理的现代化进程，激励中学教师提升自身学科素养，在一定程度上可以促进高中学校的发展。

一是促进高中办学特色的发展。2017 年首轮高考综合改革落地，具有办学特色的高中具有较强的获得感，有高中校长表示将致力于推进本校的特色化发展，开设特色课程，开发特色的综合素质评价项目，促进高中学校的多样化发展。“这一轮浙江高中教学改革中有一大亮点，就是减少必修增加选修，开发校本选修课。我们将致力于建设特色示范高中，让每所高中都有自己的特色。”（浙江 M5 校长，2017）。

二是倒逼高中学校加快推进教学管理的现代化进程。如有中学为适应选课走班的需要，利用现代信息技术手段设计选课系统、进行教学评价等。“新高考倒逼学校教育教学管理进行改革。新的考试制度，使学校旧有的管理制度不再适用，必须做出改革以适应新的形势。”（浙江 M10 校长，2017）新高考在一定程度上促进了教育现代化。

三是促进高中学校教师提升自身的学科素养和教学能力。选课走班制使学生对教师的选择性增强，不能及时提高自身素质的教师可能就被学生“抛弃”，有教师认为现在需要“讨好”学生。同时，学生选科的不均衡导致教师结构性缺编，物理教师大量剩余，上海市中学则探索让具有良好学科素养的教师开设拓展性的研究型课程，这也可以说代表了一种改革的方向。

三　科学选才

从高校的角度来讲，高考综合改革后，逐步取消录取批次，高校投档满足率高，倒逼高校调整和优化专业结构，促进与中学的衔接，增加了办学自主权，初步实现科学选才的改革目标。

一是投档满足率高。高考综合改革取消录取批次后，高校不必受制于原先的录取批次，显著提高了原来的一本院校的投档满足率。综合评价招生模式使具有专业特色的高校能够招到具有专业忠诚度的优质学生，高校、院系要求扩大综合评价招生的积极性较高。在学生自由选科的背景下，部分高校更能够招收到符合学科专业特色的考生，例如上海市地理选考科目人数多，上海海事大学将必选生物科目换成地理后，提前批次录取情况良好，改变了往年招不满的状况。

二是倒逼高校调整和优化专业结构。首轮高考综合改革落地后，高校对高考改革的重视程度和参与程度明显增加，倒逼高校注重特色专业的宣传，加强学科专业建设和专业结构调整，优化人才培养方案，被动等待的高校在新的高考模式下可能面临生存危机。高校如何面对文理交叉、知识结构多元化的生源变革，保证和提高人才培养质量，这些都对传统的人才培养模式提出了挑战。

三是促进高校与中学的衔接。高校要招收到充足而优质的生源，需要加强对中学的宣传。此外，通过“三位一体”等综合评价招生环节加强了与中学的衔接，改变了过去“见分不见人”的现象。高校既要满足专业培养的需求，又要保证生源质量，必须通过系统研究、提出合理的选考科目，“这对高校来说是一个不小的挑战”（上海 U1 招生负责人，2017）。这些都改变了过去招生与培养分离的局面，高考不再是高中教育的“独角戏”。

四是增加了高校招生自主权。高考综合改革赋予了高校更多的招生自主权，通过设置选考科目以及“三位一体”等多种类型的招生模式，选拔符合高校专业发展和培养要求的学生，有助于高校办出特色，实现多样化发展。

四 促进公平

高考综合改革的公平性体现在：尊重学生个体差异，增强了学生的选择性，实现了过程公平；外语等科目一年两考，高校多元录取，改变了唯分数论，实现了结果公平；高考改革万众瞩目，在高透明度背景下的改革探索成功落地，实现了程序公平。尤其在教育行政部门管理者看来，高考改革的公平性体现为信访和投诉的减少，人民群众的满意度提高，“今年信访投诉减少，仅为去年的四分之一。媒体说有二段滑档的现象，这是无中生有的，实际上比去年提高3%。我们每天信访到11点，但没有此类投诉和上访”（A1S院长，2017）。

第二节　争议与反思

新一轮高考改革实施以来，对高考改革的争议与质疑就一直存在。其中最为集中的争议包括：新高考进一步增加了学生的应试负担；田忌赛马的“功利化”选科倾向造成物理选科人数的“断崖式”下滑；生源结构多元化、考试难度降低等对高校乃至我国人才培养长远发展造成影响；等等。高考改革的公平性问题将在后文单独论述。

一　争议与质疑

（一）关于应试负担

从访谈对象的视角来看，高考综合改革在一定程度上增加了应试负担的问题具体表现在对学生学习负担、传统教学秩序、教师压力和素质教育的重视程度四个方面。

一是对学生学习负担的影响。首先，考试次数的增加，增加学生学习负担。一年两考给学生更多机会的同时，多数学生并没有放弃考第二次。考得好的学生，不愿意放弃再次提分的机会；考得不好的，更要争取第二次考出好成绩。但两次考试竞争对手不同，心理压力增加，学习负担加重。其次，考试难度增加。数学不分文理科之后，对传统意义上的文科学生来说，考试难度提高了，从而加重了他们的学习负担；浙江省选考和学考二考合一，学考成绩也要区分等级，加重了学生学习负担；上海由“3+1”变为“3+3”，选考科目增加 2 门，教师对难度不确定，增加了学生学习负担，“我们一门学科的作业量比以前的学哥学姐会有减少，但是三门加起来就未必了”（上海 U2S5，2017）。再次，考试战线拉长，冲刺高考提前。原来冲刺高考通常在高三下学期，但现在高二就开始准备等级考试，“高二俨然成了小高三”（上海 U2S5，2017）。最后，高一结束时学生要确定选考科目，因此学校一般会在高一将全部科目开齐，高一学生的课业压力非常重。总之，考试时间、考试次数、考试科目等方面的改革，使学生学业负担的分解发生重组，在一定程度上学生会感觉学习负担加重。

二是对传统教学秩序的影响。首先，选考（等级考）科目时间安排干扰正常教学秩序，浙江省新高考改革实施后的第一届学生的选考科目时间安排在每年的 10 月和 4 月，处于学期中间；上海市等级考在每年的 5 月份，等级考之前学生无心学习语文、数学和外语，之后学习内容单调，影响了正常的教学秩序。其次，考试次数增加，每次考试的重视程度都很高，学校领导承担主要责任，考点学校承担更多工作，学校教学管理难度增加。最后，考试次数增加使学校教学安排发生经常性变化，干扰正常教学秩序和节奏。试点省份高考综合改革打破了传统教学秩序的平衡，在新的平衡秩序形成的过程中，教师群体会感受到高考改革带来的干扰进而会产生负担加重的感觉。

三是对教师压力的影响。考试科目改革后学生的选课偏好，导致生物、地理学科教师结构性缺编，语文、数学、外语 3 门统考科目教师工作压力与强度增加，在职教师工作压力大。“一个萝卜一个坑，没有人能替你。我们咬牙坚持，相互搀扶着，流着泪，流着血坚持下来。”（浙江 M1T1，2017）改革初期，因为对改革政策、考试难度等目标不明确，教师压力也会增大。“任课教师在改革过程中改变教学难度的情况下，教师的目标定位依然比较高。以在‘3 + 1’时期的难度来对待‘3 + 3’考试，高中教师的压力非常大。”

（A1T1，2017）高考综合改革对教师压力的影响呈现出结构性的不平衡，语文、数学、外语 3 门科目老师压力大，而部分选考科目教师，如物理科教师还可能会出现结构性剩余，教师绩效考核评价方面也会面临挑战。

四是对开展素质教育的影响。以上海市为例，素质教育是上海市基础教育的优势与亮点，但高考科目由“3 + 1”转变为“3 + 3”后，高三的备考战线拉长到了高二，应试压力影响到学生对素质教育的热情和精力，甚至学生会放弃上体育课，影响学生身体健康。“许多之前积极参加活动的同学，会迫于高考的压力，在高二下学期就辞去班级职务，比如我们班有一段时间陷入没有团支书的窘境。”（上海 U2S5，2017）“我们不得不放弃了我们学校比较有特色的活动，变成参加与综合素质评价有关的志愿者活动。”（上海 U3S14，2017）这个问题需要教师加强引导，应试教育的思想影响需要更长时间去改变。

（二）关于“功利化”选科

“3 +3”高考科目设置的初衷是尊重学生的兴趣，加强文理融合，拓宽学生的知识结构，促进学生的全面发展，但实施过程中在增加学生选择性的同时，也出现了“田忌赛马”和物理学科遇冷现象，削弱了学科基础，引起了各方重视。

一是“田忌赛马”的功利化选科倾向。选科并非仅仅根据学生的兴趣进行选择，而是受到家庭、学校、高校、社会等各方面的影响，在优质教育资源有限的前提下，学生选科首先考虑如何将学习成绩最大化，在高考这场智力游戏中获得最好的博弈结果。这种充分权衡利弊的选择使选科出现“驱赶效应”和“磁吸效应”（浙江 M5 校长，2017），即大量优秀学生放弃选考物理科，而转向技术等相对容易拿到高分的学科。同时上海市高考制度设计中，地理是高二首批选考科目，绝大多数学生都本着先考掉一门减轻高三备考压力的考虑，放弃自己的兴趣而选择地理科目。

二是物理学科选考人数出现“断崖式下滑”。无论是试点两地区域层面，还是学校层面，物理科选考人数大规模下降已是不争的事实，访谈对象认为某些薄弱学校物理学科初选人数出现个位数的情况，以至于最终全校学生放弃选考物理，这种结果受多种因素制约，“由于学科能力要求、学生学习基础、等级分评价机制、社会环境等因素影响，物理的选科人数出现了一定的下降”（上海 M3 校长，2017）。访谈对象担心这将对我国高校理工学科、拔尖创新型人才、民族科学素养的提升以及创新型国家建设产生影响。

三是削弱知识基础。选考科目提前开考，相比于传统高考模式下选考科目课时相对不足，教师也存在削减部分课程内容的情况，这在一定程度上削弱了学科知识的基础。同时，学生选择能力有限，选科组合的趋易避难和随意性，也会影响学生知识体系的完整性与科学性，违背高考改革尊重学生兴趣和促进学生全面发展的初衷。“理科相对而言比重下降以后，孩子的精力、各方面投入度相对来说肯定也减少了，这也是现在大家比较关注的。”（上海 M11 校长，2017）

（三）关于人才培养的质量①

受人才培养周期的影响，高考改革的有些问题还需要从更长远的时间角度来考虑，新高考带来生源结构多样化、生源质量差异大、考试改革与课程改革不同步等问题将会对人才培养质量带来何种影响，尚待观察。

一是生源结构多元化。新高考模式下高校生源结构多元化表现在选考科目组合多，同一专业学生的学科结构多元化。这种多元化

① 钟秉林、王新凤：《新高考的现实困境、理性遵循与策略选择》，《教育学报》2019 年第 5 期，第 62～69 页。

的生源结构对高校人才培养来说是利是弊，尚难权衡。浙沪两地高校开始采取初步措施，比如对某些没有选考物理、化学等学科的学生以自学、微课、选修课等方式进行补课。多元化生源结构对高校专业教学、特色专业建设等带来挑战，倒逼高校深化教育教学改革，“否则在当前生源紧张又无专业调剂的前提下，就会面临专业生存危机、学校生存危机”（浙江 U1 院长，2017）。

二是生源质量差异大。因物理选考人数下降、考试难度降低等因素，学生的基础学科知识不够扎实，给高校人才培养带来新的挑战。一方面，专业间最低录取分数差异大，高校的劣势专业与优势专业间差距拉大，校内学生质量的两极分化更加明显。另一方面，学生理工科基础薄弱，学生的挂科率，尤其是公共基础课的挂科率增加，这给人才培养和教学管理带来很大压力。

三是高考改革与基础教育课程改革不衔接。目前的改革顺序是考试改革先行，高中课程标准颁布和新版教科书出版在后，即新一轮高中课程改革在时间上滞后于高考改革，导致在高中不同年级会出现“老课标、老教材、老高考”“老课标、老教材、新高考”“新课标、老教材、新高考”并存的现象，这使访谈对象感到焦虑，担心影响教学质量和备考工作，无形中也增加了教师的负担，学生也因此受到影响：“作为第一届考生，因为没有往年卷子参考，究竟考到什么难度，教要教到多深，摸索起来比较困难。”（上海 U1S2，2017）

二　讨论与反思

浙江省和上海市高考综合改革平稳落地，高校、中学、学生等各方利益群体的访谈对象都反映有获得感。尤其是，在促进学生发展、科学选才、保证公平等方面初见成效。但同时也出现了如应试负担加重和“功利化”选科等有争议的问题，而选考科目考试难度降低、高校生源结构多元化等问题对人才培养产生何种影响，尚需要时间检验。对此，我们应该有理性的认识。

（一）理性看待成就

新一轮高考综合改革平稳落地，试点省份各级行政部门、中学、学生和家长、高校等各方利益相关者为改革付出了艰辛的努力，成绩来之不易，对此应该充分肯定。高考综合改革在满足学生的兴趣与选择性、促进学生全面发展、分散考试压力、破解“一考定终身”的弊端、强调能力立意等方面确实实现了以人为本、促进学生全面发展的改革初衷。同时，也有访谈对象认为高考综合改革可能过度强调了选择性，而科学性和公平性有待进一步加强。尤其是高校招生自主权一直是高考改革的关键领域，但是改革进展缓慢，访谈中高校招生部门要求扩大招生自主权，扩大高校综合评价招生范围。这也是高考改革需要坚持的方向。最后，高考改革要立足于现有的现实基础和条件，因此试点省份高考综合改革的经验推广需要充分考虑各个省份的现实情况，因地制宜。后续改革省份在考试时间、考试次数、考试科目设置方面的调整也是充分尊重了教育规律和教育改革的基础条件差异。

（二）客观理解争议

从不同利益相关者的视角中，可以更好地理解高考改革中出现的有争议的问题。如关于高考改革对应试负担的影响问题，从不同利益相关者的视角中高考改革应试负担的影响可以分解为对学生学习负担的影响、对中学教学秩序的影响、对教师教学压力的影响、对素质教育的影响四个维度，中学校长、教师和学生对此反应并不相同。学生访谈对象并不认为多次考试增加应试负担，反而认为可以分散考试压力，压力适中；而中学校长更多从打破了传统教学秩序稳定与平衡的角度来理解应试负担；中学教师的压力则是由学生选科带来教师结构性缺编和工作压力分配不均衡造成的。同时，关于“功利化”选科的问题，在优质教育资源有限的前提下，学生和家长通过选科扬长避短，在高考这场博弈中实现利益最大化，部分高校没有限定选考科目，可以最大化地获得优质生源等，都是从自身立场和利益诉求出发做出的选择，其“功利性”本无可厚非，但从人才培养和国家发展的长远角度来看，就需要多方合力，既要引导学生合理选科、高校科学设置选考科目，也要改进考试技术，在更大程度上实现其科学性与公平性，兼顾各利益相关群体的利益诉求。

（三）加强科学决策

对高考改革中有争议的问题，政策制定者要站在多元利益主体的立场，根据社会和教育发展的状况，依靠专业团队和科学的证据，在对问题进行分析研判的基础上做出策略选择。如果是对学生的发展有切实促进作用，那么改革的初衷与方向就要坚持，只需要对影响改革进程的问题进行具体分析、科学研究就可以加以解决。同时，鼓励各利益相关者的多元参与，实现协同治理。从不同利益相关者的角度理解高考改革，尤其是关注高中学校教师和学生的利益诉求，关注政策执行者与目标群体被忽略了的声音，理解他们的认同与抗争是影响高考改革成败的关键。最后，还要充分认识到高考改革的复杂性、长期性与全局性，在高考改革过程中对政策进行动态的调整，从更长远的时间与实践角度看待高考改革的影响。

第五章　新高考的公平性感知

新一轮高考改革在增加农村和贫困地区学生上重点大学的人数、缩小中西部地区高考录取率的差距、取消录取批次、实施平行志愿录取等方面，增加社会处境不利学生的入学机会，增加高校与学生的双向选择权，减少高校因身份固化而带来的不公平竞争方面卓有成效，可以说提高了新高考的公平性。笔者通过分析对浙江、上海、山东、北京四省份教师群体发放的932份调查问卷发现，67.5%的被调查者认为我国现行高考制度“非常公平”或者“比较公平”，47.5%的被调查者认为新一轮高考改革“充分反映”或者“较好反映”了人们对高考的公平诉求，高考公平性得到普遍认可。但部分被调查者对新高考依然存在不公平的感受，11.5%的被调查者认为高考制度“比较不公平”或者“非常不公平”，8.7%的被调查者认为新高考“没有反映”或者“较少反映”人们的公平诉求。

因此，从政策研究的角度来说，关注人们的公平诉求与感知，呈现新高考公平性问题和争议也尤为必要。从利益相关者的视角来看，新高考的公平性感知集中在招生计划的公平性、考试内容的公平性、考试形式的公平性以及招生录取方式的公平性四个方面。从对高考改革的跟踪研究发现，改革利益相关者对新高考公平性问题的感知，也成为新一轮高考综合改革实施过程中政策调整的依据，为后续改革省份方案的调整以及出台相应的政策保障措施提供了借鉴。

第一节 招生计划分配的公平性

新高考招生计划分配的公平性感知主要体现在依然存而未决的分省定额分配政策不公平，以及专项计划、协作计划实施过程方面的公平性问题上。调查问卷分析显示，58.7%的被调查者“赞同”或者“非常赞同”新高考改革提高中西部地区和人口大省高考录取率的措施；66.4%的被调查者“赞同”或者“非常赞同”国家实施支援中西部地区招生协作计划，对社会处境不利群体的补偿政策比较受欢迎。当然，也有访谈对象认为，我国实施分省定额的招生计划分配方式，存在招生计划分配不均、属地招生比例过高等问题；而专项计划与协作计划的实施过程也有待于进一步细化与改进。

一 分省定额的公平性

我国高校招生计划分配受制于多种因素，历年高校招生工作规定都阐述了高校安排招生计划需要考虑的多重因素：一是国家、地方政府、高校多重权力主体；二是多重客观条件，包括高等教育资源分布、地区生源分布、高校自身办学条件等；三是多重利害考虑，包括国家核定的年度招生规模、毕业生就业去向、专业结构、层次结构、区域结构、人才需求的分析与预测等；四是多种价值取向，包括自主、科学、合理等。因此，高考公平问题在此体现为招生计划分配的合理性。访谈对象提及了对招生计划分配时多维度的综合考量，从这种意义上来讲，当前招生计划分配是相对公平的。

> 高考是一个相对公平的方式，因为具有统一的标准和尺度，分地区划分分数线也具有相对客观的依据。至于不同地区的学生，就拿北京为例，学生的整体素质还是较高的，不能拿分数线作为唯一的判断标准。总之，高考是比较公平公正的。当然，

在国家高考改革政策实施的过程中，会遇到一些问题，都是应该积极客观地看待和克服的（山东 M1 校长，2017）。

对分省定额政策的公平性质疑集中在省际招生计划份额的不均上，尤其是重点高校属地招生比例过高，而山东、河南等人口大省，报考人数多、录取比例低，造成不公平。调查问卷中有 32.5% 的被调查者认为高考招生计划分配分省定额的政策“比较不公平”或者“非常不公平”，通过运用 Scheffe 法进行事后比较，发现山东与北京、上海的被调查者在这个问题的回答上呈现显著差异，山东被调查者的评价均值明显低于另外两个地区。

访谈中，访谈对象常提到，在本地就读的学生转学到北京、上海等地后，与本地成绩差不多的学生相比，能够被很好的学校录取，这让人觉得很不公平。

不同区域用不同的试卷掩盖了不同分取才的事实，同是中国公民，却在最公平的高考中，同分不同命（山东 M2T1，2017）。

我们的高考考分与北京、西藏、新疆的相比，至少是他们的两倍。有我们浙江这边的孩子，随父母转户口到上海去，成绩比我们差得多都可以考上浙大、复旦，在浙江就非常难。这真不是聪明就能解决的问题，要非常努力的。满分 750 分，浙江的孩子上北大、清华得 700 分以上，好几科需要满分（浙江 U2T1，2017）。

但是从北京的角度来看，则是另外一个问题。北京是一个拥有约 2000 万人口的大型城市，精英人才聚集，而在北京就读的孩子很难如传说中那样很轻松就能进入北大、清华。某访谈对象在浙江高校担任中层管理者，因丈夫工作关系，孩子从浙江来北京就读，对此深有体会：

> 有观点说，北京很低的分数就能上北大、清华，实际上并不是如此。在北京这个大型城市，人口这么多，可获得的机会跟在省市一样难。有调查说北京考上北大、清华的往往不是北京本地的孩子，而是外地来的高校教师、科研人员、高薪企业员工子女什么的。北京人才真是非常多，优秀的人很普遍，竞争者都是最优秀、高精尖的。在地方上，我处于中层，我的孩子能上最好的学校，哪怕补课都有很多信息和资源，很容易为孩子提供最好的教育和辅助。但在北京我可能只是中下阶层，没有什么社会资源，孩子只能上普通的学校。孩子参加高考是与精英分子、最优秀的父母的孩子竞争（浙江 U3T1，2017）。

总之，分省定额的招生计划分配政策受到历史的与现实的因素制约，利益相关者对此政策的公平性感知也呈现出各自的立场差异，反映出不同利益相关者对优质高等教育资源的诉求。

二　专项计划的公平性

21 世纪以来，中国高等教育实现跨越式发展。1998 年高校扩招以来，高等教育规模发生了巨大变化。2018 年，我国各类高等教育在学总规模达到 3833 万人，高等教育毛入学率达到 48.1%，普通高等学校 2663 所。图 5－1 为 1998～2018 年我国普通高等学校本专科招生人数。

高等教育规模的扩张并没有缩小高等教育机会的阶层、城乡以及民族差异。笔者的硕士学位论文《浅窥当前我国高等教育入学机会的阶层差异》研究发现，高校扩招以来，高等教育入学机会扩张并没有让社会处境不利群体的子女受益，而且他们在重点高校的分布呈现下降趋势。[①] 我国学者对全国人口的抽样调查显

① 王新凤：《浅窥当前我国高等教育入学机会的阶层差异》，硕士学位论文，北京师范大学，2004。

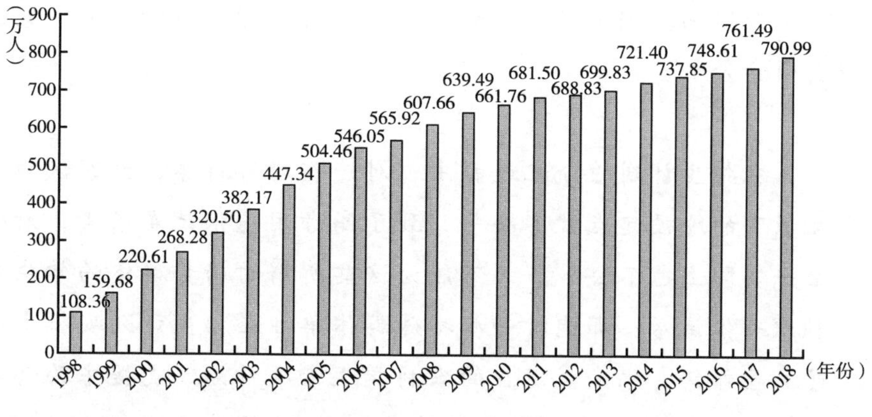

图 5－1　我国普通高等学校本专科招生人数（1998～2018 年）

资料来源：《全国教育事业发展统计公报（1998～2018）》，http：//www. moe. gov. cn/jyb_ sjzl/sjzl_ fztjgb/，2020 年 3 月 21 日。

示，大学扩招并未使高等教育机会的阶层不平等、城乡不平等和民族不平等减弱，较高等级的高等教育领域的阶层和城乡不平等更加显著。① 新中国成立后，我国实施的是向工农阶层倾斜的高考政策，大大提高了社会处境不利群体的高等教育入学机会；但改革开放以后，随着社会阶层差距的拉大，这种“革命”的成果所发挥的作用也在逐渐减退；20 世纪 90 年代末开始实施的高校扩招政策进一步增加了高等教育入学机会，尤其是优质高等教育入学机会的不平等。

在这样的背景下，进入 21 世纪以来，我国逐步提出对农村和贫困地区的学生进行补偿，实施面向农村贫困地区的专项计划，包括农村贫困地区定向招生专项计划（即国家专项计划）、农村学生单独招生（即高校专项计划）、地方重点高校招收农村学生专项计划（即地方专项计划）三个计划，作为统一高考制度的补偿性政策。截至 2019 年，专项计划累计招收农村和贫困地区学生 57 万余人，有

① 李春玲：《高等教育扩张与教育机会不平等——高校扩招的平等化效应考查》，《社会学研究》2010 年第 3 期，第 82～113 页。

效增加了农村和贫困地区学生获得优质高等教育资源的机会，促进了教育机会公平。

> 在招生计划的分配过程中，对一些弱势群体，大家认为基础教育的阶段起点就不公平，到了高考用一张试卷来考，看似公平实际上也不公平。又不能为这些所谓的弱势群体的学生单独出一张试卷，那就对一些特殊群体单独在招生计划安排上给予一些倾斜。比如说现在的农村学生专项计划、支援中西部招生协作计划等。总之，通过这个计划调整做出补偿（A4T1，2017）。

问卷调查中61.0%的被调查者“赞同”或者“非常赞同”新一轮高考改革致力于增加农村学生上重点高校的人数的举措（见图5－2）；74.8%的被调查者“赞同”或者“非常赞同”对农村和贫困地区学生实施专项计划（见图5－3）。访谈过程中，访谈对象对这项计划本身致力于提高农村和贫困地区学生上重点大学的人数的初衷也非常赞成。

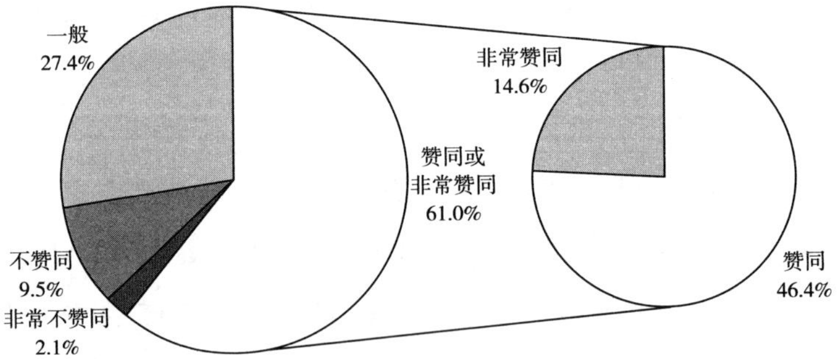

图5－2 被调查者对增加农村学生上重点高校人数的认可度

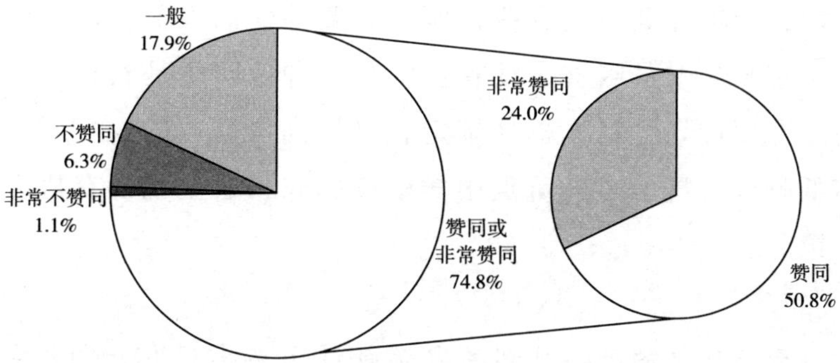

图 5－3　被调查者对专项计划的认可度

> 面向中西部地区倾斜是对的，毕竟环境会导致一些障碍，有一定倾斜的话对中西部地区的学生肯定是有好处的（浙江 U2T1，2017）。
>
> 这个有利、点赞。今年我班有个报曲师的学生受益，她分数在有点悬的位次，因这个计划被录取（山东 M2T1，2017）。
>
> 针对农村的专项计划，让穷孩子也可以上名牌大学。我们学校有个学长受益，去了清华大学（山东 M3S1，2017）。

但是这项致力于增加农村和贫困地区学生上重点大学人数的政策治标不治本，从长远来看并不能解决根本问题。首先，这项政策并不能从根本上解决农村地区教育落后的问题。访谈对象认为根本上还是要振兴乡村经济，复兴乡村教育，“授之以鱼不如授之以渔”。

> 最根本的是要复兴乡村教育。把大规模的人才抽离出来，又没有返乡的愿望，这不又陷入困境了吗？这不是一个核心办法，只能解燃眉之急。授人以鱼不如授人以渔，教给他捕鱼的技能才是最关键的（浙江 M3 校长，2017）。

其次，专项计划并没有覆盖所有需要补偿的人群。国家专项计划针对国家823个贫困县，没有贫困县的省份即便是农村户口也不能受益；专项计划将目标群体锁定在县城高中就读的农村学生，那么城市低收入人群、市区重点中学就读的农村学生就没有机会享受这个政策。

台湾地区的补偿计划主要是针对家里没有第一代大学生的家庭。我国出台的集中连片特困地区的支持政策，也有一定的问题，比如浙江等其他省份农村地区的学生不能受益，因为没有贫困县（A4T1，2017）。

学生是农村户籍，但是没有在县城高中上学，而是在区重点中学，那么再优秀也没有机会了（山东M5T1，2017）。

城市贫困群体怎么办？应该加强农村师资条件、硬件建设、经费补贴等。否则，要不要出台一个城市贫民专项计划？高考要公平，不是随便照顾某个条件，应该帮他改善条件（山东M4T1，2017）。

最后，专项计划目标群体身份精细化识别的问题。目前专项计划仅仅定位于农村户口，并没有与家庭经济状态等其他条件挂钩。因此，也可能是农村户口学生中的优势阶层，即经济资本和文化资本相对充分的群体受益。

专项计划在报考前填意向，跟高考一样，所有信息平台可以识别，信息很全。但是从最开始报名就操作比如用别人信息，就查不出来（山东M2T1，2017）。

学生身份识别的问题，农村户口的富二代也是有可能的，专项计划不是针对家庭经济状况。总之，这是高考本身解决不了的问题（A4T1，2017）。

总之，专项计划的实施确实是增加了农村和贫困地区学生进入重点高校的机会，但是从利益相关者的视角来看，我国教育资源分布的城乡差异和区域差异客观存在，专项计划只是一种政策补偿，而且在实施的过程中也存在身份精准识别和政策有待细化的问题。

三　协作计划的公平性

与专项计划同等背景下出台的还有“支援中西部地区普通高校招生协作计划”，这一计划是指“国家专门安排给录取率相对较高、高教资源相对充裕省份的招生计划增量，在不降低本省高考录取率前提下，面向高考录取率较低且办学条件不足的中西部省份招生，是为促进区域入学机会公平实施的专项计划”[①]。这是我国加强高等教育事业宏观管理和调控、促进教育公平的重要举措。

2016 年，教育部、国家发改委发布《关于做好 2016 年普通高等教育招生计划编制和管理工作的通知》，其中包含“2016 年部分地区跨省生源计划调控方案”，方案显示江苏和湖北分别需要调出 38000 和 40000 个高考招生名额。这一方案发布后引起争议。对此，访谈对象也认为作为一项国家政策，招生计划的分配应该从国家的整体而不是自身利益出发去考虑，这是从中国历史、国情出发考虑的问题。另外，政策执行过程中的解读和宣传也可能不够充分。

> 地域之间的问题自古就有，北宋时期就争论过，到明代又分出南北榜，平衡有平衡的道理，全国一盘棋，国家应该从整体来考虑。但是调多少要有清晰的算法，不能这个省不愿意就调那个省的。调哪个省，调多少，要有清晰明确的制度（山东 M4T1，2017）。

① 《教育部有关负责人就 2017 年普通高等教育招生计划管理工作答记者问》，http://www.moe.gov.cn/jyb_xwfb/s271/201705/t20170510_304227.html，2017 年 5 月 10 日。

> 政策怎么解读，怎么表达，这就关系到政策制定的人的语言、宣讲水平，否则谁会答应你拿出多少去给别人。这是策略问题（浙江 M3 校长，2017）。

在与江苏某高中任教的 N 老师对江苏“减招事件”进行讨论时，她用到“幌子”“障眼法”等词语，评价高考公平政策失灵或者执行走样的问题。国家致力于促进公平、保障考生的权益，对弱势群体进行补偿，但信息不对称等因素可能会影响民众对政府的信任。关键在于政府的执政能力，尤其是政策的公开透明程度，当政府的执政能力和公信力受到怀疑的时候，就会陷入“塔西佗陷阱”，无论事实如何都很难再被信任。

2017 年 5 月，教育部印发了《关于做好 2017 年普通高等教育招生计划编制和管理工作的通知》，同时发布官方①和专家的解读文章②，强调招生计划是在增量上做改革：“确保各地高考录取率不降低，确保省际高考录取率差距进一步缩小，确保重点高校招收农村和贫困地区的学生人数进一步增加，确保中央部委所属高校本科招生总规模和投放到各省份的招生计划总量不降低，确保实现国家年度高等教育事业发展宏观管理目标。”③ 2017 年教育部公布的国家支援中西部招生协作计划中，江苏、湖北依然是调出招生计划数最高的省份，计划公布之后，社会舆论平稳。图 5－4 为“减招事件”舆论传播流程。

---

① 《教育部有关负责人就 2017 年普通高等教育招生计划管理工作答记者问》，http://www.moe.gov.cn/jyb_xwfb/s271/201705/t20170510_304227.html，2017 年 5 月 10 日。

② 钟秉林：《科学认识招生计划管理，正确看待区域教育公平》，http://www.moe.gov.cn/jyb_xwfb/s5148/201705/t20170510_304290.html，2017 年 5 月 10 日。

③ 《实现五个确保　力促教育公平——教育部部署 2017 年普通高等教育招生计划管理工作》，http://www.moe.gov.cn/jyb_xwfb/gzdt_gzdt/moe_1485/201705/t20170510_304226.html，2017 年 5 月 10 日。

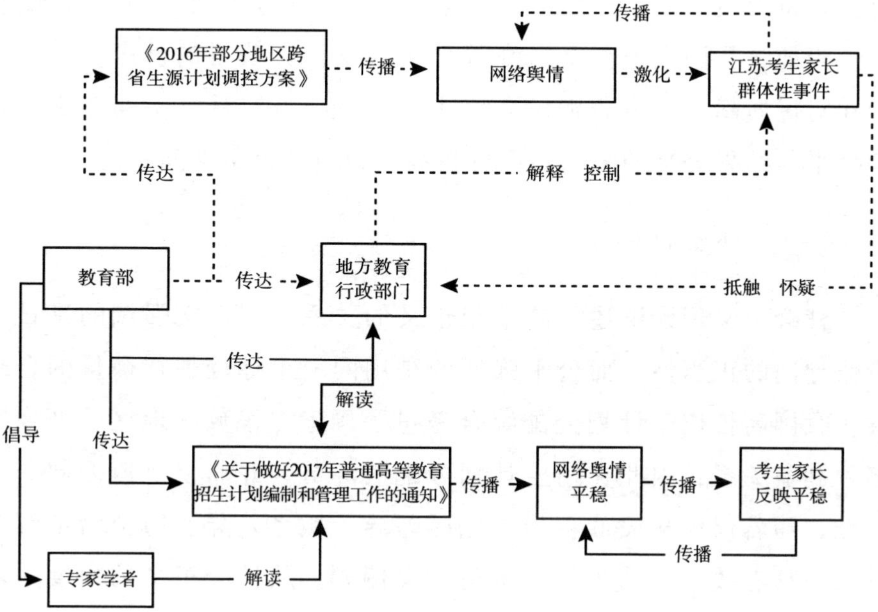

图 5－4　“减招事件”舆论传播流程

四　问题与归因

国外研究证明，无论是高等教育规模的扩张，还是旨在改变教育机会分配规则的改革，在缩小整体的阶级或其他社会分化方面收效甚微（Shavit 和 Blossfeld，1993），促进教育机会更为公平分配的原因在学校之外。[①] 其中重要的原因是教育扩张给弱势群体教育获得带来绝对改善的同时，也不会损害精英阶层享有的相对教育优势。拉夫特瑞（Raftery）等人提出的“最大化地维持不平等”假设和卢卡斯（Lucas）提出的“有效地维持不平等”假设，对此做出解释：优势阶层在高等教育入学机会的数量上达到饱和之后，入学机会的不平等会进一步延伸到质量中，优势阶层无论如何都要让其子女获

① 莫琳·T. 哈里楠主编《教育社会学手册》，傅松涛等译，华东师范大学出版社，2004，第 334 页。

得教育机会的优势。[①] 因此，高等教育入学机会的不均等将长期存在。当前，我国人民群众对高等教育入学机会获得的诉求，更多体现在对优质高等教育资源的需求上，对此，可以从公平与正义、程序公平与结果公平的关系角度分析高考改革的公平性问题。

（一）补偿的正当

社会正义理论论述了公平与正义的关系，即正义强调的是社会价值导向的正当性，而公平强调的是用同一个标准进行衡量的合理性。我国高校招生计划分配综合考量了国家、民族、地区、城乡等多种利益关系，因此在招生计划分配的环节，并非仅仅遵循同一个标准，而若仅仅从民族差异、地区差异、城乡差异、历史沿革等角度权衡高考政策的公平性，未免有失偏颇。从社会正义的角度来看待高考政策的公平性，则能够做出全面而更加中肯的评判。米勒强调在制度设计中“应得”的公平原则，认为在确定正义的要求时应该把人们不同的“应得”考虑进去，在不同标准之间进行平衡。[②] 高校招生计划分配方式的公平性问题即适用这一原则，综合考量民族、地区、城乡社会成员之间不同的“应得”。

补偿政策的制度设计也有待完善，对没有贫困县的农村地区或者城市低收入群体如何补偿是需要加以考虑的问题。正如米勒所说，“试图通过歪曲程序来更为直接地促进社会正义，最终就很可能会产生比我们所避免的更为不正义的结果，这是因为我们的决策会与我们相平行的制度中作出的决策相矛盾”[③]。他举例：高校招生中，除非是这所高校统一执行的政策，否则个别招生官员为补偿学生背景的差别，优先考虑了来自教育质量差的学校申请人，而其他招生官

① 李春玲：《高等教育扩张与教育机会不平等——高校扩招的平等化效应考查》，《社会学研究》2010 年第 3 期，第 82～113 页。

② 〔英〕戴维·米勒：《社会正义原则》，应奇译，江苏人民出版社，2001，第 146 页。

③ 〔英〕戴维·米勒：《社会正义原则》，应奇译，江苏人民出版社，2001，第 117 页。

员完全依照学业条件招生，这样就会制造出不公平。从这种意义上来说，程序公平比结果公平更重要。专项计划制度设计中存在的问题可能带来结果的不公平，需要引起注意。

（二）自由的限度

社会正义理论论述了自由与社会正义的关系，米勒认为，个人自由与社会正义之间并不必然是冲突的关系，任何正义理论的核心要求都包括对个人基本权利的说明。因此，如果我们认为具有合适资格的人有接受高等教育的权利，那么从物质上保障这种权利就是社会正义的议题，而缺乏资源不能进入大学的人的自由就受到了限制。① 个人自由与社会正义之间也会发生冲突，甚至可以称为自由与自由之间的冲突。我国学者将协作计划中的这种冲突界定为：国家为缩小区域间高等教育入学机会差异，通过省区市间高校招生指标的宏观调控，促进区域教育公平协调发展；高校生源指标调出省份的考生家长从本省份升学利益出发，要求减少生源指标调出数以维护考试公平。② 在这两种自由发生冲突的时候，也可以从正义与公平、自由的关系的角度进行评判。保障受教育者获得高等教育入学机会是国家的权力和义务，在高等教育资源分布不均的前提下，国家教育行政部门协调招生计划的分配，缩小省际高等教育录取率的差异，符合当前我国社会正义的立场。

（三）“奶油层”争议

社会正义理论强调程序公平与结果公平的关系，程序公平能够保障结果的公平，因此结果的不公平首先要看程序上是否公平与正义。专项计划实施过程中对城市低收入群体的忽略，以及专项计划

---

① 〔英〕戴维·米勒：《社会正义原则》，应奇译，江苏人民出版社，2001，第15页。

② 李木洲、叶晓芳：《化解高校招生公平冲突的困境与出路——基于〈支援中西部地区招生协作计划〉的分析》，《重庆高教研究》2017年第2期，第22～29页。

目标人群不能精准定位的问题，则需要在高考制度设计上进行微调，以程序的公平保障结果的公平。

我国学者研究美国“积极差别待遇录取政策”的最新进展，关注少数族裔优势群体学生从此政策中获得不当收益的“奶油层”争议。“奶油层”，是指“其他落后阶层”中相对富裕且受过良好教育的成员。因为美国联邦对少数族裔的分类不能充分体现成员内部差异，高校在追求多元化学生群体目标时过度关注少数族裔身份，政策效应累加使少数族裔优势群体学生更具入学竞争优势，使政策积极效果难以全面惠及少数族裔弱势群体，不能充分实现多元化学生群体的教育利益。[①] 这一点与我国专项计划实施中因为身份识别不够精细而产生的受惠者可能是农村地区“富二代”的现象非常相似。在这一点上，哈耶克对人们致力于促进教育机会均等的能力持有悲观态度，“很可能会只有利于那些能够较好地利用这些机会的人，而且常常会在努力的初期增加不平等的现象”[②]。因此，我国的专项计划这类积极差别待遇录取政策需要突出政策细化和准确定位。

第二节　考试内容的公平性

新高考考试内容的公平性主要体现在高考科目设置的选择性衍生出来的公平性问题和考试内容的能力立意存在的两难价值选择等方面。

一　科目设置的公平性[③]

新高考试点省份实施“3 + 3”高考科目设置政策设计的初衷是

---

① 申素平、王俊：《美国公立高校积极差别待遇录取政策反思》，《教育研究》2017 年第 9 期，第 140 ~ 147 页。

② 〔英〕弗里德利希·冯·哈耶克：《自由秩序原理》下册，邓正来译，三联书店，1997，第 166 ~ 175 页。

③ 王新凤：《新高考考试科目设置的公平性问题研究》，《重庆高教研究》2020 年第 1 期，第 58 ~ 66 页。

加强文理融合，拓宽学生的知识结构，促进学生的全面发展。但实施过程中在增加学生选择性的同时，也带来了新的质疑，包括：选考物理对成绩中下的学生不利，因此这类学生首先被“驱赶”出选考物理科目的群体；继而对优秀生源不利，因为“学霸”不想给“学霸”垫底；选考科目区分度降低，“得语文者得天下”对薄弱学校学生不利；从物理学科“溢出”的学生扎堆技术等其他科目，对选考不同科目学生带来不公平。下面就这些“质疑”进行具体分析。

（一）“绿叶的逃离”

部分访谈对象认为，新高考试点省份“3+3”科目改革所造成的“驱赶效应”，首先对中下生源不利，他们为了避免为优秀生源垫底的情况，会首先逃离物理学科。平时学习成绩相差不大的学生，可能会因为选择了物理学科而比其他同学成绩低，继而不能进入理想的学校。甚至有处于中上水平学校的物理老师也劝学生不要选考物理，他们从自身立场出发自然希望学生选考物理，但是如果选考物理学生就不能考上理想的学校，那么不如尽早放弃。

> 由于理科偏难，文科偏易的问题，目前“驱赶效应”和“磁吸效应”还是比较明显的。优生扎堆物理学科，将大量的考生从物理学科驱赶出去，并引起恐慌心理，造成连锁反应，使选的人越来越少，相对层次差的学生逃离物理学科比较明显（浙江 M5 校长，2017）。
>
> 物理现在只是相对层次比较好的学生去选。原来是很多学生选物理，从今年开始都往技术上去了，学生觉得没有人给他当绿叶了，没有陪衬自己就会变成陪衬。所以，学生就不选物理，所以才会出现这种断崖式下降（浙江 M6 校长，2017）。
>
> 我现在就读古典文献专业，但高中的梦想是当工程师。加三选课，我全按兴趣选了理化地，我母亲反对选物理，因为她

同事说“四校生”选物理，学霸给学霸垫背，我们就是垫背的。我还是坚持选了，但是现实还是给了我一巴掌，加三成绩很差，有同水平的同学选的生物、历史、政治，她比我高四十分（上海 U3S12，2017）。

从功利的角度讲，我们也劝孩子不要报考。我当然希望孩子选物理，但是选了物理肯定考不上好大学，这就很矛盾（上海 M7T1，2017）。

也有访谈对象认为，新一轮高考改革在一定程度上加剧了高中学校的两极分化。顶尖的中学依然稳居金字塔顶端，中上层次的中学可以利用“三位一体”等综合评价招生让更多学生获得优质高等教育机会，而中等偏下和处于农村地区的实力薄弱学校则被甩在后面。因此，以理科见长的高中学校如何引导学生理性选科成为“矛盾”和“纠结”的事情，一方面希望学生能够选择物理学科，另一方面，实力相对薄弱的学校在等级赋分制中吃亏，如果学生选择物理科目就可能考不上大学，甚至出现物理科目得零分的极端现象，这对相对实力薄弱的中学来说是“致命的打击”。

我们感觉压力很大，主要原因是选理化的人竞争力不够，在等级赋分中吃亏明显。而且我校传统上是理科见长，这是一个非常纠结的问题（浙江 M7 校长，2017）。

我到农村去接触一些三四类学校，那些校长很焦虑，因为赋分前提是学考合格的基础上赋 40 分，也有些学生成绩不好的，考了十几分的、不合格的就零分（浙江 M6 校长，2017）。

当然，高考科目设置对理科见长的学校是利是弊有不同的观点。M1 中学的年级主任根据 2017 届毕业生的情况认为，新高考的科目选择对理科见长的学校更有利，因为学生可以凭借物理的优势通过

“三位一体”这种综合评价招生的模式，从而获得更好的入学机会。这一点在笔者后期对新高考学生的跟踪研究中得到了验证，选择了物理科目的学生进入高校后也表现出较好的学业成绩，整体综合素质较强。

> 这一届学生被录取的规模，增加了有一大半。985 接近一百五六十，往年是七八十。可能主要跟我们学生的学科偏好有关，我们学校是理科见长的，选择物理和化学的学生居多。有的学生总分不是太高，在全校排到七八十，但能够被 985 高校录走（浙江 M1T1，2017）。

新高考科目改革对薄弱学校和成绩中下学生不利的问题，在试点省份和后续改革省份的政策调整后有了初步的改善。尤其是 2018 年启动高考综合改革的第三批 8 省份实施“3 +1 +2”科目设置，将物理和历史作为限选科目。笔者对第三批改革省份的跟踪研究发现，实施“3 +1 +2”科目设置后，高中学校选课走班的压力大为减轻，无论是优质高中还是薄弱高中，选择物理科目的学生比重与改革前基本一致。

（二）“学霸”当分母

部分访谈对象认为，选考物理对优秀生源不利，“学霸”为“学霸”当分母，这使得高考这一相对公平的制度受到普遍的公平性质疑。大量优秀考生扎堆物理学科，学生会因为这种“驱赶效应”产生恐慌，继而选择物理学科的人数会更少；而选择了物理学科的优秀学生，会明显感到“吃亏”，有强烈的不公平感。

> 最后选物理的可能全部是重点高中的学生，也要根据规则按照等级来赋分，全部是优秀学生也要排队，最高 100 分，最低 40 分，那么肯定有一部分实际上是当了分母（A5T1，2017）。

我们学校物理本来是挺好的。物理等级考去年“A+”1个，“A”有4个。很多“四大名校”的学生都选择物理。有个同学594，物理是18分。如果考政治的话，本来可以考到北大和清华（上海M7，2017）。

除个别一流大学的理工科专业限定选物理外，大部分专业并不要求学生一定要选物理，又因为一流大学只有顶级精英才能考取，大部分学生放弃物理，这直接导致了选物理的人数直线下降，同时对精英学生也不公平，很有可能这些考了D档和E档的学生实际物理并不差，只是参考的人太优秀（上海M6校长，2017）。

综合评价招生环节也会因为学生选考科目的限制而对优秀生源不公平。比如浙江省学业水平考试分为学考和选考，学考也是运用等级制，而一些优质高校会对学生学考成绩提出要求，比如学考科目全A，这样会给优秀的生源造成更大的压力。高校录取中，也因为对学生全A的限制，一些优秀的学生不能被理想的学校录取。有成绩比较优秀的学生因为放弃了物理学科，在重视物理学科成绩的综合评价招生环节，也会感觉“吃亏”。因此，他们会建议学弟学妹选择物理学科。

浙江以前的会考是考过及格就行。现在都是冲A去。高校自主招生以前要求是全A，优秀的学生压力非常大。2017年的这一届与2016年是不一样的，他们拿全A是有很大难度的（浙江M1T5，2017）。

在“三位一体”笔试时，我发现没有选择物理会有弊端。大多数高校“三位一体”的笔试还是以数学和物理为主。如果没选物理会比较吃亏（浙江U4S3，2017）。

总之，选考还是放弃物理科目，对优秀的学生以及对成绩中下的学生来说，都会存在不公平的感受，选考科目的等级赋分制使学生的选科掺杂更多博弈的因素。这个问题在下文考试方式的公平性中还将予以详述。

（三）“得语文者得天下”

所谓的“得语文者得天下”，是指语文成绩高的学生获得更高的分数，进而获得更好的高等教育入学机会。部分访谈对象认为，新高考中选考科目区分度降低，语文成绩高的学生能获得高分，语文成绩提高慢的学生因而“吃亏”，同时语数外统考三科中有两门语言学科，这可能对男生不利。

从整体来看，新高考的区分度是增加的，但是高分段考试区分度减小，凸显了语数外三科的重要性。对高分学生来说，英语和数学成绩基本都是高分，英语对优秀的学生来讲比较简单，容易拿到高分，而数学成绩也容易达到高分，这就会凸显语文学科的重要性。调研中有“低端的拼选考，高端的拼数学，最终是拼语文”（上海U2 校长，2017）这样的顺口溜，甚至有高校招生负责人认为选考科目较差的学生也可以通过语数外的高分被高校录取。

> 理综、文综时超过 260 的不多，现在特别是像我们学校 280 以上一大堆，出现“得语文者得天下”这样的说法，最顶尖的学生拼语文。今年各校对语文越来越重视，英语比较简单，数学对原来的理科竞赛生来讲，能达到一百四五的话，最后就是看语文成绩录取（浙江 M6 校长，2017）。
>
> 今年录取直观感觉是语数外比重较大。只要语数外考得好，选考科目较差也没有关系。不少选考科目较差的学生也可以通过语数外高分被我校录取（上海 U5 招生负责人，2017）。

还有一个争议是性别的不平等。有访谈对象认为，对语言学科的重视和文科生源的增加对男生不公平。男生更擅长理性思维和逻辑推理能力，而女生更擅长形象思维，语言能力较强。而新高考模式下，语数外三门必考科目中两门是语言学科，这对语言能力较强的女生更有利，从而对男生造成不公平。同样，新高考科目改革后造成文理科比例倒挂，即理科生源大量减少和文科生源大量增加，可能会使高校中女生也随之增加，继而在高等教育入学机会上产生性别不平等，有访谈对象甚至认为这会对提升整个国民的科学素养不利。

> 必考科目语文、数学、外语在改革方案讨论时有不同声音，比如，语数外三门中两门是语言类，对女生比较有利，这个当时有争论过（A1T1，2017）。
>
> 现在高校里面女生的比例高于男生，高中选课如果整体偏向选择文科的话，那么我们的考试和国际课程改革的走向就背道而驰。现在国际上强调科学、技术、工程、数学这样一些专业非常重要，特别是在科技革命中，而我们国家整个偏文科，将来对整个中小学教育的影响非常大（A4T1，2017）。

当然，这一结论在问卷调查中并没有获得普遍认可。对“高考语数外必考科目有两门语言学科对男生不利”这一观点，37.6%的被调查者表示“赞同”或者“非常赞同”；38.2%的被调查者选择“不赞同”或者“非常不赞同”，基本平分秋色（见图5-5）。而且在这个观点上存在区域差异，上海与浙江、山东、北京地区的被调查者的观点存在显著差异，上海的被调查者更倾向于认为对男生不利。无独有偶，美国学者也关注考试内容中的“性别偏见”[①]问题，但对考试测验中女生比男生更有语言优势的观点存在疑问。1988年范戈尔德（Feingold）通过对高中生差异能力测验（Differential

① Ruth Axman, “Childs: Gender Bias and Fairness, Practical Assessment”, *Research & Evaluation*, No. 3, 1990, pp. 1-3.

Aptitude Test，DAT）和学术能力评估测试（Scholastic Aptitude Test，SAT）进行追踪研究发现，在语言推理能力成绩方面男女生并没有显著差异。[①] 因此这个问题需要进行大规模数据分析，才可定论。

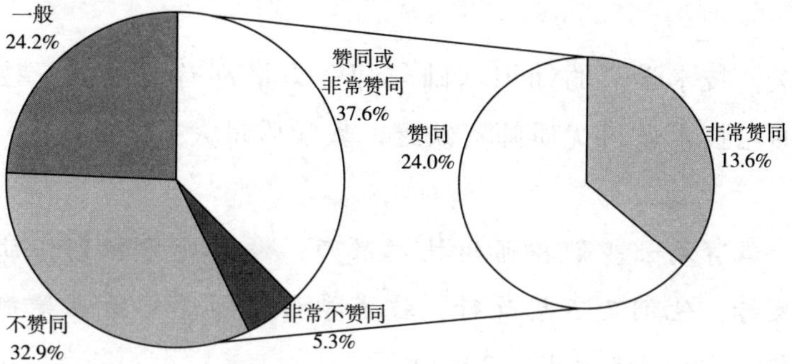

图 5－5　被调查者对“语数外必考科目有两门语言学科对男生不利”的认可度

（四）将技术科目纳入选考[②]

将技术学科纳入选考科目是浙江省高考综合改革的特色，浙江也是到目前为止我国实施高考综合改革的省份中唯一将技术学科纳入选考科目的省份，为我国探索科目改革提供了独特的案例。技术学科强调学生动手实践能力，无论是对学生能力提升，还是对与高校专业的对接来说，都很有必要，多数访谈对象对将技术学科纳入选考科目都比较支持。从长远来看，技术学科尤其是信息技术，也是当前和未来经济社会发展迫切需要的学科。但是，将技术学科纳入选考科目依然存在隐忧。

首先，选择技术学科相比于选择物理等学科更容易拿到高分，教师和学生都会觉得不公平。

---

① Benjamin Greene, “Verbal Abilities, Gender, and the Introductory Economics Course: A New Look at an Old Assumption”, *The Journal of Economic Education*, Vol. 28, No. 1, 1997, pp. 13－30。

② 王新凤：《新高考考试科目设置的公平性问题研究》，《重庆高教研究》2020 年第 1 期，第 58～66 页。

> 技术学科学一年，中等学生都可以考90多分，物理学科学6年，连90分都考不到，这两个的含金量能比吗？（浙江M12T2，2017）

其次，技术学科的知识基础与师资力量都有待加强，技术学科尤其是通用技术学科优质师资缺乏，教学质量大打折扣。

> 教育局让我们招通用技术教师，没有地方招到，让物理老师改行，他们又不想改行，技术学科对师资、场地等都提出了要求（浙江M5校长，2017）。

最后，技术学科强调学生的动手实践能力，但是无论教学方式还是笔试的考察方式，都较难体现这种能力。

> 本来是动手实践的学科，现在成为纸笔测试，现在针对这个问题，只能加大考试难度（A3T1，2017）。

总之，当前因为技术学科的教学基础有待于完善，有访谈对象认为，对选择技术学科与选择其他科目的学生来说，考试成绩不等值会带来不公平。

二　考试命题的公平性

（一）命题方式的公平性

我国高考命题方式采取统一命题与分省命题相结合的方式，问卷调查发现，被调查者对这种命题方式的认可度不高，64%的被调查者对此“非常不赞同”或者“不赞同”。同时，命题方式存在区域公平与城乡公平的问题。有60.4%的被调查者“赞同”或者“非常赞同”“分省自主命题以形式公平掩盖了实质的不公平”的观点（见图5－6），认为分省自主命题存在区域公平问题。通过运用Scheffe法进行事后比较，发现被调查者对这个观点的态度存在显著的区域差异，上海和北京作为自主命题的省份，与浙江和山东存在显著差异，自主命题省份的被调查者对高考命题的区域公平性评价均值要显著高于统一命题省份的被调查者的，也就是说，前者更倾向于认为这很公平，而后者更大程度上认为不公平。

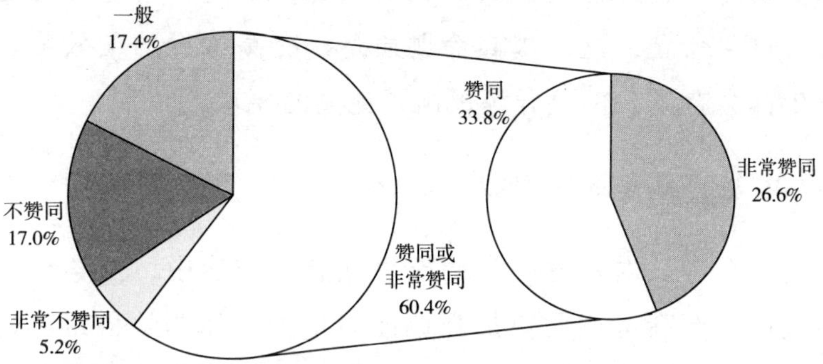

图5－6　被调查者对“分省自主命题以形式公平掩盖了实质的不公平”的认可度

64.8%的被调查者“赞同”或者“非常赞同”“高考命题存在一定的城市中心化倾向”（见图5－7）。通过运用Scheffe法进行事后比较，发现北京与山东的被调查者的观点存在显著差异。山东的被调查者对高考命题的城乡公平性评价均值较低，更倾向于认为高考命题存在城市中心化倾向，继而对农村学生不利。而北京的被调查者观点相反。

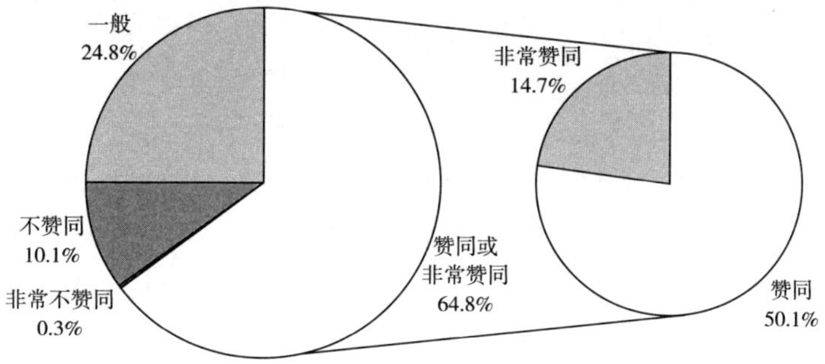

图5－7　被调查者对“高考命题存在一定的城市中心化倾向”的认可度

我国从2000年开始探索自主命题试点，2006年自主命题的省份一度达到16个，之后使用全国统一试卷的省份逐步增加，目前只有北京、上海、天津、浙江、江苏5个省份保持自主命题。关于统一命题与分省命题等问题，无论是学术界还是实践层面一直存在争议。统一命题可以保证质量，但是可能会忽略地域差异；分省命题能够尊重地域差异，也能分解考试安全的风险，但也可能会带来公平性的问题。因此，关键还是提高命题的质量，新高考的选考科目也将由各省份自主命题，这对提高命题质量、提高试卷的信效度、充分考虑考生社会背景条件差异等提出了更高的要求。

（二）能力立意的公平性

新高考在考试内容方面强调能力立意。访谈中，中学校长和教师都多次提到新高考试题更加强调能力培养，强调学科素养，并认可这种能力培养为导向的改革方向。“上海命题对学生能力的考察越来越重视，数学试卷的命题非常成功，可以看到对学生数学能力和思维的要求，跟以往有一种传承发展。”（上海M9校长，2017）但考试内容的能力立意也因为打破了传统的教学、评价模式带来不确定性而受到一些质疑。

中等学校的教师担心能力立意对本校的考生不利，有教师承认强调学生的应用能力是有益的，但课程内容讲授程度和难度的不确定性，以及学生不适应这种能力立意的命题方式，而对他们所在的中下层次的中学不利，觉得很“可怕”。

卷面的调整对我们不利，偏向能力的变化比较多，要求写的内容多了，从高一开始知道有口试（上海M7T3，2017）。

历史学科内容有增加，考试要求也有增加，对学生实际应用的要求多了，整个难度在下降，但知识点在增加。教育考试院和教研部门有指导，有的内容点到为止，但教到什么层次是没有参考和指导的（上海 M7T5，2017）。

主观题目特别多、分值都特别大。我们也没有接触过，挺可怕的。去年说生物考试像写作文一样，化学和生物很接近。听学生说主观题多，分值大，现在感觉没有底（上海 M7T2，2017）。

实力薄弱的中学的校长说，自己的学生“吃亏”。外语和语文成绩的提升是需要时间的积累的，尤其需要较为丰富的文化资源为基础。而农村地区因为师资队伍水平与城市有一定差距，文化资源相对匮乏，外语和语文成绩提升较难。他们认为，在“应试教育”模式下，实力薄弱学校的学生较容易获得高分；而能力导向的新高考改革模式下，农村学生在短时间之内则较为“吃亏”。

这一点让我们这些以招收农村学校学生为主的中学感到很吃亏。我们这些学生肯吃苦、肯刷题，但在外语、语文上能够有突破难度是比较大的。“得语文者得天下”，对于我们这样学校来说怎么去提升语文挑战很大，学生也会有不公平的感受（浙江 M5 校长，2017）。

总之，访谈对象一方面认可考试内容能力立意的倾向，另一方面又因为改革初期的不确定性而带来一些疑虑。因此，无论是地处城市的重点中学，还是地处偏远地区的薄弱中学教师都需要一个适应的过程。

三 问题与归因

考试内容的公平性其实是知识选择规则的问题，反映的是哪种知识更有价值，哪类群体能够更有优势获得这种知识继而获得知识赋予的价值。高考改革作为一种选择知识和控制知识传播的机制，如何保证知识分配与控制的公平性是解决考试内容公平性问题的关键。

（一）选择是否等值？

首先，不同科目之间等值与否是影响考试科目选择公平性的关键，而新一轮高考改革中，对这一问题无论在理论基础还是在技术操作层面都还需要探索。

在文理分科考试时，是各省份当届参加高考的全体考生统一选择某一科目，各科成绩在选择本科目的考生群体中具有可比性。但新高考科目设置包括语数外三门科目和三门选考科目，学生之间会出现不同的科目组合，选考科目跨越文理。每科考试群体均非当届参加高考的全体考生，其取得的等级仅能代表本次考试群体成绩分布，各科目间的等级以及两次考试取得的等级缺乏可比性[①]，因此部分访谈对象就对不同科目成绩是否等值表示怀疑。

> 作为一个考试，从学科角度讲最重要的假设是统考三门选考科目一等重要，其他六门或者七门是二等重要，“6 选 3”或者“7 选 3”就意味着这些科目是平等地位。现在的结果，实际上在老百姓的眼中并不平等（A3T1，2019）。

这一问题在物理和技术科目上表现得尤为明显。物理学科的成绩呈正偏态分布，也就是说选择物理学科的优秀考生会更多，如果按照同等比例赋分则造成高分学生得分较低的情况。同时，技术学科偏重于应用层面，无论是学习时间、考试内容还是考试难度、考试方式等方面都还有待于探索，与物理等相对成熟的基础学科并不相同。因此，学习成绩差别不大的学生，因为选择了不同科目而不能获得预期的高考成绩；或者，学习成绩差别较大的学生，选择不同

① 徐社华：《新高考模式下学业水平测试科目等值的定量研究》，《考试研究》2017 年第 1 期，第 54～61 页。

科目后获得同样的高考分数，也会感觉不公平。

总之，高考选考科目设置的假设是三门选考科目同等重要，无论是教学质量还是考试内容都应该处于同一水平，但实际上不同科目的学习难度、教学质量、考试内容等有很大差别。同时，高考考试科目改革对教学资源的配置等情况有待统筹考虑，技术科目的课程开发、师资配备、考试方式等都有待于进一步完善。随着高考综合改革的推进，试点省份加强了技术科目的教学资源配置与命题质量，笔者 2019 年的跟踪调研发现，技术学科考试难度低的问题大为改变，甚至有学生认为技术比较难考。而且无论是高中教师还是高校教师都倾向于赞同将技术学科纳入选考科目，主要原因是技术学科有利于提升学生的科学素养，增强学生动手实践能力，从长远来看，学习技术学科也有助于当今和未来社会的发展。

（二）功利还是理性？

知识选择的价值导向是以学习者个性与兴趣为主，还是以国家经济社会发展为主，结果并不相同。新高考因过于强调选择性而带来的选科偏向给国家利益带来隐忧。

说到底，高考改革是教育机会的再分配，任何时候都不应功能性或者技术性地执行某种平等标准，而让学生失去发展的可能性。新高考将增加学生的选择性作为改革目标之一，追求导向自主学习评价制度，在考试内容方面体现为选择适合自己的发展兴趣和优势的学科。但是在新高考改革中这一知识选择的价值导向出现了偏差，学生会在考试科目选择中呈现趋易避难的倾向，为了更高的分数、躲避更强的对手、更轻的考试负担，做出“功利性”选择，继而不能按照学生个体的兴趣与爱好选择。但是在优质高等教育资源有限，依然按照高分录取的模式下，这种“趋利性”又是学生个体理性选择的结果。比如物理学科比较难学，选择物理学科需要付出更多的时间和精力，而且在等级赋分制的制度设计下，存在“学霸”给

“学霸”垫底的情况，因此家长和学生更倾向于选择放弃物理学科，而选择较容易获得高分的学科，比如技术学科。

而从高校的角度来讲，明明可以通过限制选考科目而实现与人才培养方向的一致性，但是为了寻求更好的生源又会放弃或者放宽选科的要求。在解决选科“畸多畸少”的问题上，中学校长、教师和学生都建议高校在设置专业的选科科目时，应该限定选择科目，不能“太功利”，要为国家和教育承担责任，大胆地设限，将不同科目之间“或”的关系改为“和”的关系，更不能不限定选考科目。但是从高校的角度来讲，首先考虑的是生源质量。因此如何平衡选考科目要求的松紧问题存在理想与现实的矛盾，一方面高校自然希望录取到专业基础好的学生，希望明确选考科目，但是另一方面选考科目限定太紧可能会使潜在生源减少，继而影响录取分数和生源质量。

从中学的角度讲，自然希望在现有办学条件的基础上保持自己的办学优势，让更多的学生能够考上好的大学，反之就会觉得不公平，自己的学生也会吃亏。但部分学校在选科设置中也会出现强制性的要求，对学生选课走班实行“套餐制”的安排，因为即便是优质高中也不建议“冷门”科目走班。甚至成绩中上的学校也会出于“功利化”的考虑，劝学生不要报考物理。如何在新高考的模式下获得更大“红利”的焦虑与功利心理，干扰学生的选择和教育机会的获得。

同时，我们也必须意识到，高考作为人才选拔机制，首要功能是为高校选拔合适的人才，为经济社会发展服务、增加整体社会福祉。新高考在尊重学习者选择性的基础上，出现选考物理学科人数大规模下降的现象并进而引起各方重视。学生基础学科素养是国家科技发展与创新的基础，学生趋易避难的选择在满足个体兴趣与发展的同时，会造成对社会整体福祉的损伤。因此，有必要对考试技术和高考政策进行调整以约束个体选择偏好。继 2017 年浙江省出台选考科目保障机制之后，上海、江苏等地都陆续出台选考科目保障机制，2018 年教育部印发《普通高校本科招生专业选考科目要求指引（试行）》引导高校限定学生选科，2019 年高考综合改革第三批 8 省份实施“3 +1 +2”科目设置，限定物理或者历史作为首选科目。可以说，这些后续改革措施都是在考试技术和高考政策方面约束个体选择偏好，引导学生合理选科，服务于国家经济社会发展对高校人才选拔的需要。

（三）谁的能力受益？

米勒在分析程序与结果正义的关系时强调，程序和结果的公平并不是完全一致的，而是会常常发生冲突。程序和结果产生错乱的理由之一，是外在于程序的背景条件会对最终结果产生影响，影响结果的公平。[①] 考试内容改革如果忽略学习者的背景条件存在的城乡、区域、校际差异，考试内容的选择性和能力立意会进一步拉大学习者的差距，带来不公平。

米勒强调，努力和才能确实能够成为“应得”的合法基础，但强调人们用来竞争有利地位的机会是受到他们的社会背景的强烈影响的。[②] 高考科目改革的选择性和考试内容的能力立意，都不能忽视学生社会背景和教育资源的城乡、区域和校际差异。比如，高考选考科目的设置和选课走班制，尊重了学生的选择性和差异性，但是不同师资等教育资源条件下，薄弱学校的学生可能会在物理等优势科目的选择中提前出局。选择性和差异化的考试科目设置在一定程度上会强化教育机会获得的不公平性。

从我国高考改革的价值变迁来看，在考试内容的选择上呈现从知识本位向能力本位过渡的趋势。我国从 20 世纪 80 年代提出推行

① 〔英〕戴维·米勒：《社会正义原则》，应奇译，江苏人民出版社，2001，第 104 页。
② 〔英〕戴维·米勒：《社会正义原则》，应奇译，江苏人民出版社，2001，第 200 页。

素质教育，强调各级各类学生的能力和素质，新高考改革目标之一就是考试内容的能力立意。当然，对能力的界定一直是复杂的课题[①]，新高考改革方案将能力立意界定为“着重考查学生独立思考和运用所学知识分析问题、解决问题的能力”（国家方案），“增强考试内容的应用性”（山东方案），“引导外语教学注重应用能力的培养”（上海方案），强调的是将知识转化和运用的能力。在知识经济时代，知识的获取途径日益多样，相比于知识的传授与记忆，给予学生知识获取的途径，使之养成知识转化与运用的能力、批判的思维方式、创新的意识等就变得尤为重要。美国学者考夫曼（James C. Kaufman）的研究证明，将创造性纳入考察内容，可以全面反映学生的整体智力结构，在一定程度上避免文化偏见，是实现高校入学公平的途径。[②]

如果这个改革方向是一种大势所趋，那么当下社会处境不利群体的学生在考试内容改革中的不公平问题，就需要通过增加薄弱地区教育投入、增强师资队伍建设以及加强信息技术的普及等方式，改变应试教育模式下靠刷题提高分数的学习方式和学习结果的评价方式，让学生获得全面发展，提高其知识转化与运用的能力。同时，随着时间的推移，相对薄弱学校的老师因为缺乏统一的、操作性强的教学标准，而感觉考试内容“很可怕”“很不利”的情况也会有所改善。

第三节　考试方式的公平性

考试方式的公平性包括等级赋分制的公平性、考试次数之间成绩的可比性与公平性，以及综合素质评价的公平性等方面。调

① 刘精明：《能力与出身：高等教育入学机会分配的机制分析》，《中国社会科学》2014 年第 8 期，第 109～128 页。

② J. C. Kaufman, "Using Creativity to Reduce Ethnic Bias in College Admissions", *Review of General Psychology*, Vol. 14, No. 3, 2010, pp. 189－203.

查问卷分析发现，在被调查者对新高考改革措施的评价中，考试方式的认可度较低，“部分考试科目一年两考”“选考科目实行等级赋分制”等措施的认可度最低（见图5－8）。在考试次数的认可度方面，第一批试点省份与第二批试点省份有显著差异，浙江和上海被调查者的认可度明显低于山东和北京的被调查者；在“选考科目实行等级赋分制”的认可度上，浙江与山东存在显著差异，浙江省的被调查者对该措施的认可度明显低于山东的被调查者。考试方式的公平性是造成考试方式认可度低的原因之一。

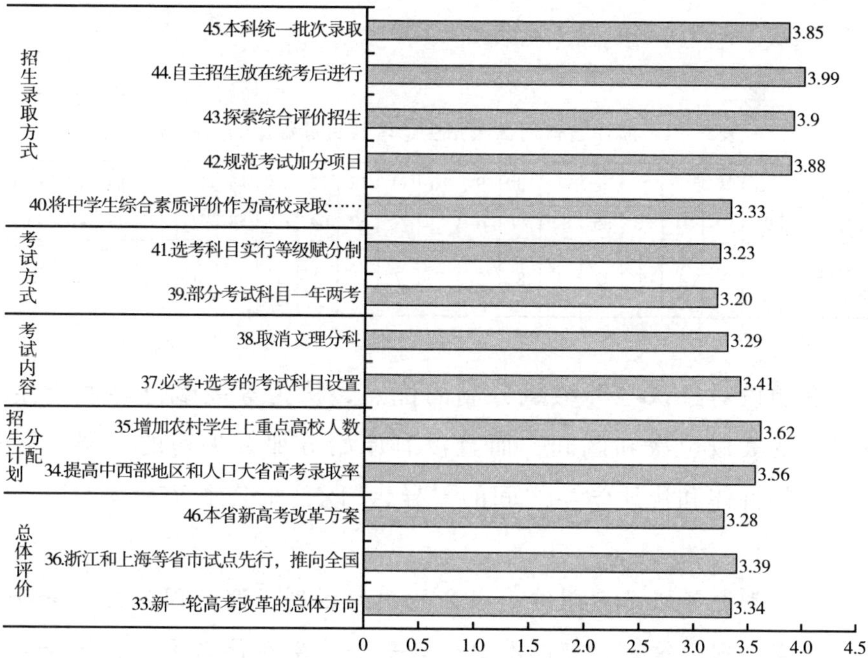

图5－8　被调查者对新高考改革措施认可度的均值比较

一　等级赋分制的公平性

等级赋分制设置初衷是解决不同选考科目之间分值的可比性问题，以等级制计分方式避免学生“分分必争”的现象。但是等级赋分制实施过程中，其区分度和公平性问题受到访谈对象质疑：对高分学生不利，物理选课人数大规模下滑；拉大分数差距，强化“分分计较”；与不同考试次数等问题叠加，降低高考权威性。

语数外三门科目是统考科目，因此可以直接用原始分计分。而加三科目，因为学生选择不同，科目的分值无法直接比较，为了解决不同科目之间可比性的问题，试点省份选考科目计分方式使用了等级赋分制，即按照既定的比例，对每门科目的原始分进行等级划分。《浙江省普通高校招生选考科目考试实施办法》规定：“考生各科成绩按等级赋分，起点赋分40分，满分100分，共分21个等级，每个等级分差为3分。”（见表5－1）

表5－1 浙江省普通高校招生选考科目等级比例和赋分值

等级	1	2	3	4	5	6	7	8	9	10	11	12	13	14	15	16	17	18	19	20	21
赋分	100	97	94	91	88	85	82	79	76	73	70	67	64	61	58	55	52	49	46	43	40
人数比例	1	2	3	4	5	6	7	8	7	7	7	7	7	7	6	5	4	3	2	1	1

有访谈对象认可等级赋分制的优点，认为等级赋分能使学生了解自己的大概位次和区间，而且没有原始分那么尖锐的差异，可以缩小弱势群体和优质学生之间的差异，“既公正公平又有尊严”。

> 划分等级是希望缩小小分值内的区别，避免因为差一分而有天壤之别的结果，可以看出大概一个学生在什么区间，这个是非常好的，我们同学对等级考没有什么反感（上海U1S2，2017）。
>
> 选考赋分制没有原始分那么尖锐的差异，对于相对的弱势群体是有利的，缩小了与优质学生之间的差距，有利于增加社会阶层的流动性，是惠及普罗大众的一件好事，既公正公平又有尊严，比其他降分照顾好很多（浙江M2校长，2017）。

当然，这种赞同的声音是比较少的。多数访谈对象，不管是高中学校校长、教师、学生，还是教育行政部门工作人员都普遍对等级赋分制带来的科学性和公平性问题感到焦虑。

一是等级赋分制对高分学生不利。这也是访谈对象普遍认为物理学科选择人数出现“断崖式下滑”的主要原因。选择物理的学生多数是比较优秀的学生，物理成绩比较好的学生其他科目成绩也相对比较好。通过等级赋分制的制度设计，人为地将物理学科成绩拉成正态分布，就会使高分学生成为更高分学生的分母，因而对优秀考生不利。他们将会选择技术学科等其他科目，成为“分子”以获得更好的选考科目分数。

> 物理现在考出来是正偏态，通常是比较优秀的学生参加物理考试，通过人为划分等级就拉成了正态分布，这样对高分学生不利（A7T1，2017）。
>
> 如物理学科选择人数的下降原因是物理学科的特点，难度大，加上等级赋分后，学物理的高手多，一般学生选择更少。不要因为考试太难、等级赋分后得分太低，吓跑一批喜欢物理的学生（浙江 M4 校长，2017）。

二是等级赋分制并没有弱化分数之间的差异，而是将差距拉大。访谈对象认为，等级赋分制首先是根据原始分数划分等级，然后再根据等级进行分数的转换，可能使得一分之差的成绩经过等级赋分转化成为三分的差距，进一步强化“分分计较”，而不是相反。

> 等级考分数相差一分，说不定就相差一个等级，实际要相差三分。因此对于我们中学来看，家长学生他会重视，也是一个心态的问题（上海 M11 校长，2017）。

> 等级赋分制会有两次转化的过程，从原始分到等级、再从等级按照计分原则提到总分，可能会受到很多质疑（A7T1，2017）。

三是等级赋分制与考试次数叠加的公平性问题，降低高考的权威性。不同考试次数中，考试的时间、内容、群体等都可能会有所不同，都按照同样的比例划分等级，会影响高考成绩的权威性与公平性。不同考试次数、不同考试科目之间分数是否等值是存疑的，而浙江又是将学考与选考两种不同类型的考试放在一起，选考的分值太低，区分度也存在质疑，部分访谈对象认为甚至存在通过控制参加某科目的考生群体达到调成绩的可能性。

> 赋分涉及到两个问题，同一科目不同次考试之间分数是否等值，不同科目之间分数是否等值的问题。区分度以及整个赋分的问题的确是个难题（浙江U5招生负责人，2017）。

总之，等级赋分制按人数比例划分等级，使各等级的实际划分标准受当次考试考生水平、参考人数、试题难度的影响，从而导致标准本身的不稳定性加强，因此会影响高考科目改革的实际效果。等级赋分制造成考生分数的扁平化，可能影响学生的自我预期，进而使其不能被理想的学校录取。更重要的是，等级赋分制带来高考科目选考人数“畸多畸少”的问题，物理学科选考人数大规模下降引发社会关注。

二　考试次数的公平性

新高考考试次数改革，是为了消除“一考定终身”的弊端，给学生更多选择机会，也分解考试压力，在一定程度上能减轻备考负担。新高考将高考分解为学业水平考试和高考统考两个环节，学业水平考试分为合格性考试（学考）和等级性考试（选考），外语和选考科目实施一年两考。从改革效果来看，多次考试在一定程度上缓解了考生的学习压力和心理压力，高考来自社会的关注度和压力也有所减轻。学生认为这可以降低偶然性，对此也是欢迎的。但因为考试时间、考试群体、试卷的难度和区分度等各种因素，不同考试次数在增加选择性的同时，也因为不同考次分数不等值而受到公平性质疑。

一是参加考试的群体不同。高二和高三的学生一起考，如果优秀的学生扎堆报考，那么优秀的学生也可能会获得低分，同样中等考生也可能获得高分，造成程序不公平。

> 同一科目在不同次的考试中，参加考试的群体不同，还出现不同年级学生参加。那么优秀考生就可能获得低分，而如果报考人数少、水平较低考生多，中等考生也可能得高分（浙江U5招生负责人，2017）。
>
> 有些人也会投机取巧，在第一个四月就考，因为人少可能考得很好（浙江U4招生负责人，2017）。
>
> 高二、高三学业水平考试同堂竞技，很不公平（浙江M10校长，2017）。

二是选考与学考两种不同类型的考试一起考。新高考改革将学业水平考试纳入高考科目，但浙江省将学业水平考试的学考和选考两种功能的考试时间和考试内容合一之后也会带来科学性与公平性的问题。

> 现在是学考、选考二考合一，同一份试卷，必做题+加试题，试卷的选拔性功能很难体现，区分度也很难保证（浙江M15校长，2017）。
>
> 高二与高三一起学考，且学考与选考水平的学生一起，让低年级的学生绝望（浙江M2校长，2017）。

三是考试科目之间不等值。并不是所有的学科都一年两考，有违公平。大量学生从物理学科等难度较大的学科溢出的同时，也有大量学生扎堆像技术学科这样相对容易的学科，有学生认为中学的技术学科学到的只是“皮毛”。不同科目之间的难度不同，分值的可比性不同，在高校招生总分录取的模式下，选择不同科目的学生的成绩以及录取的结果不同。

> 起点较低的生物、技术，对数理逻辑要求不高的历史、政治科目选的人会更多，各段的人都会拼命地往里挤，选某些易学科目的人就会越来越多，就产生了一种“磁吸效应”（浙江M5校长，2017）。

三　综合素质评价的公平性

综合素质评价的公平性问题体现在：综合素质评价的标准不统一，采用等级评比的方式对学生不公，不同高校对综合素质评价使用的方式和标准差异较大，综合素质评价的使用价值尚未完全体现。

（一）标准不一有碍公平

高中学生综合素质评价是新高考录取“两依据一参考”的重要参考指标，其主要内容和项目的标准不统一，既让中学教师和学生访谈对象认为难以操作，高校访谈对象认为不好用、不敢用，从而失去参考价值和意义。同时可能存在弄虚作假和形式主义，降低综合素质评价的信度和效度，影响公平公正。

一是中学层面作为综合素质评价的主要制作方，因为缺乏统一的评价标准感到难以操作。具体的内容没有统一填写的标准，可操作性比较差。缺乏量化性指标，对教师和学生的约束力不强。甚至会因为增加工作量而使教师产生抵触情绪。

综合素质评价方案由各校自己拟定、实施，上级虽然有一些评价标准，但不够具体，各校情况差别比较大（浙江 M8 校长，2017）。

学校在选择录入过程中出现前后不一致，出现信息采集不完整，计分缺少过程性依据。家长评价实施困难，家长评价的结果很难得到有效体现（浙江 M4 校长，2017）。

缺乏整套的量化性指标体系，容易有较大的人为因素。对学生约束力不强，面对毕业、高考压力，各种认定和考核往往流于形式。等级评定过程过于繁复，造成了教师工作量过大，这极易导致教师产生抵触情绪和敷衍行为（浙江 M17 校长，2017）。

二是从高校的角度来看，中学层面提供的综合素质评价内容标准不统一，对综合素质评价的重视程度和理解不同，内容的描述也不同，难以评价和量化，不利于高校招生过程中快速、有效地使用，很难进行公平的比较并作为高考录取依据。

在使用过程中，对记载的一些获奖、公益活动，高校很难区分其含金量如何……考生们提供的材料有详有略，并不统一，不利于专家在短时期内评判考生（上海 U2 招生负责人，2017）。

高中综合素质评价表记录事项多，但学生各项目参与的程度、取得的成绩和获得的收获表述不尽一致，评价尺度较难把握。需要提高其信度和效度，使之具有一定的可比性（浙江 U6 招生负责人，2017）。

综合素质评价档案由于不同的高中层次不同，很难进行公平比较，无法直接作为是否录取的依据（浙江 U7 招生负责人，2017）。

三是综合素质评价因缺乏统一的标准和操作规范，削弱了其权威性和客观性。这使得不同地区、学校的学生之间的横向比较缺乏效度，甚至存在造假等极端的情况，影响公平与公正。

> 我校在“三位一体”审核时就发现有造假的材料，如学考A等级数量、获奖证书等，中学综合素质评价信息化共享程度还不够，高校在审核时既要看材料的真假，还要进行人工的统计分析，工作效率比较低（浙江U5招生负责人，2017）。
>
> 为了学生的利益，有些学校会尽量将学生成绩填写得比较好。这样就可能造成差的学校的差生的成绩可能比好的学校的学生成绩还要高（浙江M11校长，2017）。
>
> 一些社会机构借机提供收费服务，可能会影响学生研究性报告的真实性和有效性（上海M3校长，2017）。

针对标准不统一造成的公平性质疑，有的高校采取的措施是请专家进行书面评审，提取具有可比性的普适性的维度，分别设定不同的比例，以专家评价矫正综合素质评价的标准，使程序公正与实质公正相结合，最大化地实现其公平公正，并进而使综合素质评价的使用具有可行性。同时，应该对综合素质评价制定统一的操作规范，提高综合素质评价的信度，也保障遵守规则者的利益，维护公平公正。

（二）等级评比对学生不公

与上海方案以描述性结果呈现方式不同，浙江省为便于高校使用，新高考方案规定高中生综合素质评价也划分等级。这在统一标准、增加信度的同时，也因为等级划分的方法造成不公平，综合素质评价的等级评比成为双刃剑。

一是不同办学水平的学校，用同等比例划分A等，对办学条件较好的学校的学生不公平。有中学校长建议，根据不同学校的办学水平对等级比例有所区别。但是这种建议本身也会因为学校的差异造成新的不公平。

> 不同办学水平的学校，毕业生的质量明显不同，用同样的比例划定 A 等，也是一种不公平，建议各地根据不同学校的办学水平对 A 等比例有所区别（浙江 M2 校长，2017）。
>
> 对于不同级别的学校，终评等级的比例也希望能有所不同，最好不要都是 25%（浙江 M11 校长，2017）。

二是对学生划分等级的做法对学校造成困扰。等级评比的公示与否都会存在公平性的质疑，不公开影响公正；公开，部分互评和教师评价可能会影响同学关系和师生关系。尤其是学生的道德评价，难以进行量化区分。

> 学生评价的公开公示问题。学生综合素质评分结果和内容按照要求需要进行公示，部分学生的材料还需要全校范围内公示。这涉及到学生隐私，部分学生互评和教师评价容易形成矛盾，因此综合素质评比的关键是如何如实记录和公开（浙江 M4 校长，2017）。
>
> 综合素质评价结果中规定评价等级比例给不同学校造成了一定困扰。建议在等级评比基础上或调整为描述性评价或增加描述性评价（浙江 M18 校长，2017）。

因此，多方访谈对象建议将综合素质评价的等级评比调整为描述性评价，简化综合素质评价的过程，或者将综合素质评价改为描述性评价，或者将综合素质评价与课程学习评价结合起来，将综合素质评价的指标进行分解，从而分解教师负担。上海市综合素质评价即采用描述性和过程性评价，访谈过程中则没有这方面的公平性质疑。

（三）高校使用有待于强化

从中学访谈对象角度来看，他们担心“做和不做”“真做和假做”，最终在高考录取的时候没有体现，那么，综合素质评价这一新高考的重要举措就成了中学的“独角戏”。从高校访谈对象的角度来看，中学“做”的程度不统一，也无法真正地参考与使用。“做，不用”和“不做，不用”都意味着政策无效。而“有的不做，有的做”，“有的真做，有的假做”，“用”就会不公平；“不用”，也意味着政策无效。

一是中学层面访谈对象对综合素质评价在高校招生录取环节发挥多大作用存在质疑。试点省份相关政策文件只是规定了如何制定综合素质评价，但没有明确规定高校如何使用。他们认为，纵然如何使用是高校自主决定的，但是高校如何“用”、“用”到何种程度应该让中学和学生、家长知晓。

> 目前的综合素质评价大家都在实施过程中，但从招生文件和相关政策中，只能看到需要综合素质评价等级，至于这一等级的结果在高校招生录取中是如何产生影响的相关信息均无明确的资料，学生、家长和老师对此质疑较多（浙江 M4 校长，2017）。
>
> 过去三年获得的奖项、自我介绍、做的课题等在综合评价招生过程中到底占多大比例，会引起学校多大重视，这是我有点疑问的问题（上海 U4S6，2017）。

二是综合素质评价的价值尚未全部显现。高校对中学的综合素质评价应用程度不高的原因之一，是评价结果可供高校参考的价值有限。同时因为前面所述的信度与效度的问题，高校很难将综合素质评价作为招生的参考依据。那么，中学层面耗时耗力完成的这项工作，不仅增加了中学的工作量，还成了中学层面的独角戏。同时，如果高校层面真正使用好综合素质评价结果，或者在综合评价环节非常重视综合素质评价的比重，那么可能会对中学和家长起到正向的引导作用，素质教育也就真正落到实处了。

从我们基层学校的感受来讲，它对我们信息的录入会带来很大的工作量，但是对学科的影响是什么呢，以前可能对考试分数更加纠结，现在就是除了分数又增加了学生的学习经历，高校在录取过程当中参考这个。或许现在参考的力度可能不够，或者说，一些明确化的要求还没有固定下来（上海 M9 校长，2017）。

不能说我们中学强调综合素质评价而高校在旁边不管，因为“出口”非常重要。家长有这种功利色彩，但如果我们的高校都重视综合评价，而且在我们面试过程中看得很重要，家长和中学更加看重，可能我们所倡导的素质教育恰好就找到了落脚点了（上海 M11 校长，2017）。

在综合素质评价的实施中应建立大学、高中学校、教师和学生的信用体系（Q834，2017）。

因此，应该进一步明确综合素质评价结果的“可信赖、可比较、可使用”原则。完善区域范围内的综合素质评价体系和平台，规范综合素质评价的内容和形式，实现评价标准的统一性，加强个体评价结果的可比性；倡导高校结合招生需求和专业特色，规范、细化综合素质评价的使用办法；将综合素质评价等级评比调整为描述性评价记录；动员社会力量，共建中学生社会实践基地；等等。

四 问题与归因

考试方式的公平性问题从根本上说是程序公平的问题。学考与选考的二合一，使得两种不同功能的考试程序交叉。等级赋分制、考试次数以及综合素质评价的程序设计需要进行及时的政策调整，以免在更大范围内带来结果的不公平。

（一）程序的交叉

米勒认为，两种或者更多的程序相互交叉，导致结果是不同程序的联合结果，程序和结果就会出现分歧，也就是说，程序公平可能带来结果的不公平。浙江省新高考政策将学业水平考试的合格性考试和选拔性考试在同一张卷子上进行，带来对区分度和公平性的质疑，因此将学考与选考分离的呼声比较多。有学者将学业水平考试定义为“基于双重分数解释的标准化学业水平考试”，合格性考试是“基于双重分数解释的常模相关——标准参考测验”，即按照标准参照测验的学术规范进行考试大纲研发、考试命题以及成绩报告和解释；选考科目考试是“基于双重分数解释的标准相关——常模参考测验”。二者的性质不同，考试结果被用作不同用途的解释的时候，每一种预期解释都需要进行效度检验，检验考试结果的合理性。[①] 因此，访谈对象一方面会担心，学考部分的难度增加会加重学习者的学业负担，另一方面担心通过30%的分值进行选拔，难以体现选拔性考试的科学性。无论是教育行政部门、高校管理者还是中学教师都认为应该将学考与选考分离，将两种程序区分开来，以解决考试结果的区分度和不公平性问题。

① 陶百强：《对我国新高考方案高中学业水平考试的思考与政策建议——浙江、上海2014年高考改革学业水平考试方案商榷》，《中国考试》2015年第8期，第26～38页。

（二）平等的标准

米勒重点解释了程序具有的平等、准确、公开和尊严四个标准，平等是指，“一个公平的程序要求对正在分配的物品具有自明的要求的每个人都应得到平等的对待”，平等不仅是程序的、简单的或者直接的属性，而且可以成为程序严格的要求。

从试点省份教育行政部门的角度来看，选择等级赋分制是退而求其次的选择，“没有办法的办法”，作为国家方案的执行者和地方方案的制定者，地方教育考试院本身对等级赋分制的科学性和公平性也是存疑的，只是尽最大努力在此制度设计下实现科学性与公平性的统一。选考科目实施等级赋分制的理由：一是因为等级赋分制简单易懂，是“简化版的标准分”，容易被大众理解和接受；二是因为基于现有的基础条件；三是在总分录取模式下不同选考科目的分值具有可比性；四是在选考人群结构相同的前提下是相对科学和公平的。但是，显而易见，因为参与考试的学生群体的不同，物理科目成绩呈正偏态分布，因此，等级赋分制在一定程度上违背了程序公平所应该具有的平等的特征。也就是说，不同科目之间同样都是A 等级的学生，他们的学业成绩并不等值。

同时，不同考试科目和考试次数的公平性问题也与这一标准有关。高考科目选考的假设是三门选考科目同等重要，课程改革能够保证备选的七门或者六门科目处于同一水平，但实际上不同科目之间的教学质量还有很大差别；浙江省学考与选考合一，不同考试次数之间的考生群体来自不同年级，高二和高三学生同场竞技。这都有违平等的标准，影响新高考的科学性、权威性与公平性。

（三）多元的素质

综合素质评价的公平性问题主要源于素质本身的难以测定，并不是所有的知识、能力、性格特征都能够用一种标准来衡量。目前的争论一方面是评价综合素质缺乏统一的标准，另一方面对综合素质进行等级划分又存在不公平。

《教育部关于加强和改进普通高中学生综合素质评价的意见》（2014年）指出，加强和改进普通高中学生综合素质评价的目的是“转变以考试成绩为唯一标准评价学生的做法，为高校招生录取提供重要参考”。也就是说，实施中学生综合素质评价是为了改变以高考成绩为唯一标准的一元评价模式，全面考察中学生的综合素质。其基本原则是坚持方向性、指导性、客观性与公正性，客观性是指如实记录学生真实表现，公正性是指规范评价程序，确保评价公开透明。总之，从教育部的指导文件来看，综合素质评价强调学生发展的过程性的真实记录与描述。

从米勒关于程序正义标准的观点来看，综合素质评价程序更加强调准确与公开。也就是说全面而客观地记录学生各方面状况，便于高校根据人才培养目标有针对性地参考；将对这些内容的评价标准以及结果进行公示公开，以便社会多方的监督，保障公平公正。但是问题是，如何记录、如何评价？由谁记录、由谁评价？因何记录、因何评价？如何使用、由谁使用？这些问题的回答都涉及一个共同的问题，就是学生的综合素质难以用一种标准进行统一的评价，进而使得综合素质评价的形式和结果都可能出现不公平的情况。

社会正义理论对品质进行了各自的论述与争论，如哈耶克关于品行获酬的观点。一方面，在自评、他评的主观判断基础上形成的评价结果与高考这一客观的标准联系起来，进而使学生获得高等教育入学的机会，其内在逻辑关系是否成立？另一方面，中学生的综合素质评价作为一套强制的体系，是否违背了自由原则成为一种强制行为，进而也造成不公平？这些问题的答案尚未可知。米勒认为对品质的判断缺乏客观的标准：“判断人们得到的利益是否与其品质相称，我们并没有可以援引的客观的品质的标准。”[①] “除非品质能

---

① 〔英〕戴维·米勒：《社会正义原则》，应奇译，江苏人民出版社，2001，第201页。

够用诸如教育程度或打字测验这样机械的手段加以评估，否则我们就仍然是在主观的规范范围之内打转。”[①] 美国教育考试服务中心（ETS）创造了一套个人评价指标体系（PPI），其中包括对创造力的考察，运用于高校申请入学中，但格里戈连科（Grigorenko）等人的研究表明，因其知识体系的局限，高中教师运用这一指标体系来评估学生创造力的有效性是值得怀疑的。[②]

总之，首先我们需要明确发展学生综合素质的价值。正如有学者强调的，高考应该是一种有充分价值的评价，应该聚焦于学生的素质发展，实现素质发展的文化自觉是实现高考正义的主要途径之一。[③] 其次，我们不能对中学生综合素质评价划分等级，尤其是对学生的思想品德评价不能划分等级，学生思想品德水平的高下并不好判断。由此将综合素质划分等级的方法，就成为哈耶克所说的“强制的体系”，违背了自由的原则。中学生综合素质评价的记录，可以尽量运用描述性语言准确、真实、客观而全面地呈现。最后，可以在国家、地方层面建立中学生综合素质评价平台，使评价主体能够有相对统一的评价体系和操作流程。正如米勒所说的，平等不是平等地分配所有的利益达到的，而是使不同的人能够在不同的社会领域胜过别人达到的。中学生综合素质评价就是为不同类型高校的招生者寻找合适的学习者提供的基本依据和参考，至于如何参考则是与高校自主招生录取有关的主题。

第四节　招生录取方式的公平性

新高考招生录取方式的改革包括统一录取批次、完善和规范自

① 〔英〕戴维·米勒：《社会正义原则》，应奇译，江苏人民出版社，2001，第211页。

② J. C. Kaufman, “Using Creativity to Reduce Ethnic Bias in College Admissions”, *Review of General Psychology*, Vol. 14, No. 3, 2010, pp. 189 - 203.

③ 丁念金：《论高考正义——我国高考改革的核心》，《全球教育展望》2014年第7期，第91～100页。

主招生、探索综合评价招生以及规范考试加分政策等。通过对调查问卷的分析发现，被调查者对新高考招生录取方式的改革认可度比较高，尤其是对“完善和规范自主招生，将自主招生放在统考后进行”、“探索综合评价招生”、“规范考试加分项目，取消体育、艺术特长加分”和“本科统一批次录取”等措施的认可度最高，而对“将综合素质评价作为招生录取的参考”的认可度相对较低。招生录取方式的公平性问题主要集中在自主招生和综合评价招生对弱势群体学生不利方面。

一 录取方式的公平性

逐步取消录取批次，实施平行志愿，是新高考改革在招生录取环节的主要改革措施之一。2017 年招生录取中，浙江与上海都取消了高校录取批次，浙江省实行“专业 + 学校”的 80 个志愿填报方式，上海采取“专业组”的志愿填报方式，都实行平行志愿投档录取，无论是考生还是高校都有“获得感”，也更加公平。调查问卷结果显示，72.7% 的被调查者“赞同”或者“非常赞同”新高考招生录取机制改革中本科统一批次录取的措施；78.1% 的被调查者“赞同”或者“非常赞同”“平行志愿降低了考生填报志愿的风险”的观点。

招生录取方式的改革首先给予了学生选择权，学生获得感强。取消高校录取批次和实行平行志愿使学生更加了解自己、大学、行业，“知分知位”，可以更明确地选择适合自己的专业、学校，避免盲目报考，既不浪费分数，也可以对未来职业生涯有更好的规划。无论是中学教师还是学生都对此项改革措施比较赞同。有中学校长认为，分批次录取是对学生的过早层级化，造成学生的“屈辱感”，而且分批次录取等待时间较长，对学生心理上也是煎熬，因此，可以说，取消录取批次是对学生的尊重（浙江 M3 校长，2017）。

其次，逐步取消录取批次，实施平行志愿招生录取，打破了高校的身份壁垒。按批次录取，是在我国高等教育资源紧缺的前提条件下，由重点高校优先保证培养国家急需的人才。但在实施的过程中，分批次录取等于将学校人为地划分为三六九等，不利于高校之间的竞争，也使学生更关注学校的名气而非适合自己的专业。取消按批次录取，实行平行志愿，赋予了高校与学生更多的双向选择权，更有利于公平有序的竞争，有利于高校的特色发展，提高办学质量。尤其是对于处于中上水平且较具有办学特色的学校来说，会让它们赢得社会的关注，实现“录取排位的上升”（上海 M11 校长，2017）。

最后，平行志愿录取解决了文理生源结构不均衡的问题。上海实行专业组平行志愿录取的模式，所有考生不分文理按照高考分数从高到低逐一检索投档，解决了过去文理科生源和招生计划之间不均衡的问题，对减少考生与家长对高考公平性质疑，维护高考招生权威性与社会稳定起到积极作用。

新高考招生录取方式的公平性质疑来源于信息不对称导致的“乌龙事件”。取消录取批次、实行平行志愿，在考生信息掌握不充分的情况下，会在志愿填报和高校录取环节带来操作性的难题。传统高考模式下，按照批次录取，无论是教师、学生还是家长都觉得填报志愿相对容易。但新高考模式下，不同类型，处于不同层次、地域，具有不同特色的高校混杂在一起，再加上学校名称的相似性，让缺乏“常识”的考生和家长会有困扰，而且容易造成志愿“扎堆”的情况，继而造成两极分化的现象。

首先是对社会处境不利群体的考生提出了挑战。受到信息和文化等因素的制约，不能及时获取相关报考信息以及来自家庭的意见支持，可能会给社会处境不利群体，如家长“没有文化”“没有知识”、学校地处“小县城”的考生带来挑战。

> 取消录取批次，不分一批、二批了，但是大学之间的差异还是存在的。这好像是一种障眼法，表面上看不分一本、二本、

三本了，只能忽悠那些没有文化没有知识的家长，有知识有文化的家长一看，还是高分先录啊（山东 M5T1，2017）。

实际上在下面的一些小县城也好，社会上的评价也好，会出现一些极端的个例，例如说 640 分进了独立学院，就造成社会舆论的一些质疑声音（A8T1，2017）。

2017 年高校招生录取过程中，浙江省出现高分考生误报独立学院的案例，引起媒体关注。对这个问题，中学、高校、考试部门以及考生有不同的看法，但他们普遍认为，可以通过加强对高校和专业的性质的宣传，以及对考生及家长的正确引导等技术手段解决。有高校招生负责人认为这不是“政策问题”，而是个案。

但今年出现了极个别的情况，网上也在炒作，比如说 646 分填报了同济大学浙江分院，闹了乌龙。这是家长的问题，那么多考生里面总有个别不认真、不理解的（浙江 M6 校长，2017）。

刚才提到的 640 多分考同济浙江学院，我认为这是个案。出现了一两个并不能说明是政策问题，不能因为这个否定我们现在的做法（浙江 U5 招生负责人，2017）。

也有部分考生因为独立学院的优势专业较强而主动选择就读独立学院，那么，这就符合高考改革促进分类特色发展导向的趋势，应该予以鼓励。这也督促此类院校提升质量，给予优质生源匹配的教育资源和发展机会。

有 610 多分的考生选择了南师大的中北学院，这是他的真实意愿，他选择了中文专业，这个专业很强。另外有近 500 段的一个考生选择独立学院（A1T2，2017）。

> 关于取消批次以后的影响，学生整体是适应的。有一些高分学生主动选择往低层次高校去选，也让家长看到一些冷门高校中的优质专业，这对高校优质专业发展也是很有好处的（浙江 M5 校长，2017）。

高考志愿填报环节存在明显的信息不对称。信息不对称的产生，是因为个体获得的信息不同，这与他们获取信息的能力有关，如地处农村等偏远地区的考生，或者家庭处境不利的考生，限于其社会关系对高考相关信息掌握较少，考生可能也因此而对高校和高考政策的信息获得较少，处于信息获取的劣势。在当前高考改革的背景下，参与高考改革政策制定与执行的主要利益相关者对高考改革信息掌握较多，而社会大众层面了解较少，因此考生和家长处于信息获得的劣势。

从对教师群体的问卷调查发现，高中、高校、行政和科研人员获取高考改革信息的途径除了上级领导传达、国家政策文件之外，网络、电视、报纸、杂志等大众媒体，微信、微博、博客等自媒体也是了解高考改革动向的重要途径（见图 5－9）。因此，这个问题可以通过扩大信息共享来实现：高校在公布招生简章时，应该明确其办学性质和办学层次，降低考生填报的风险；教育行政部门和中学教师应该加强高考政策的宣传，考生和家长在信息化时代也可以通过网络等多种途径获得高校与高考相关信息。

二　自主招生的公平性

从 2003 年开始实行高校自主招生的试点，到 2019 年，经过 16 年探索，试点院校的数量逐步增加到 90 所大学。这项制度设计的初衷是为了增强大学的招生自主权和学生的选择权，选拔具有学科特长和创新潜质的学生。当然这个过程中也存在一些问题，比如测试的内容的科学性、测试的时间、测试的效率等问题，教育部从 2016

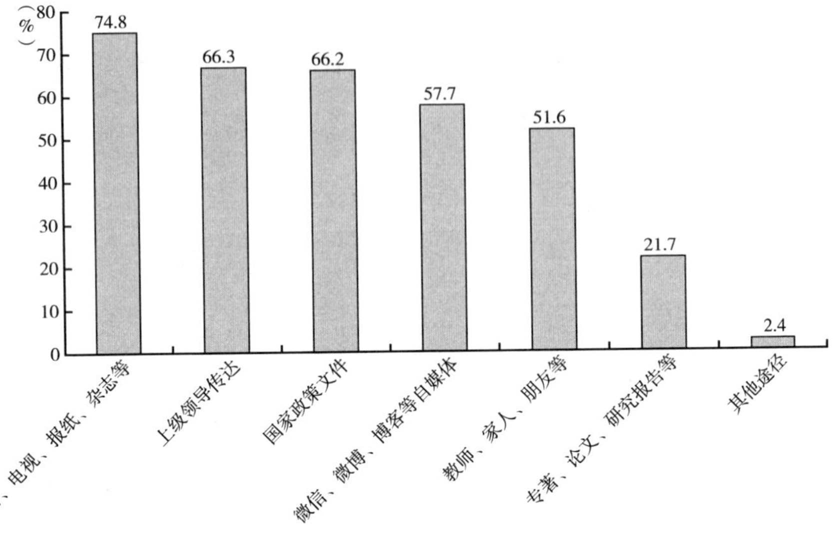

图 5－9　高考改革动向的信息获取途径

开始针对这些问题做出进一步规范，自主招生测试的时间放在统一高考后，避免高校提前掐尖。问卷调查中对这一措施的认可度比较高，这也是新高考改革政策认可度均值最高的一项措施。但是自主招生的公平性质疑声音从开始实施以来就没有停止过，包括自主招生对社会处境不利群体不利，自主招生的评价标准缺乏一致性，自主招生的过程中存在权力寻租的空间等。

一方面，对社会处境不利群体不公平。问卷调查分析发现，大多数被调查者认为自主招生对社会处境不利群体更不利，有 71.5% 的被调查者“赞同”或者“非常赞同”这个观点（见图 5－10）。自主招生因为信息的不公开、不透明，而对不能获得相关信息的群体不利。

信息不透明，很多学校自主招生的时候，等到要考了还不知道考试形式和考试内容；还有信息不对称，一些信息不是所有高中都知道，我们会觉得不公平。考试的公平不仅是考试过程、录取过程的公平，更应该做到考试信息的公平透明（浙江M5校长，2017）。

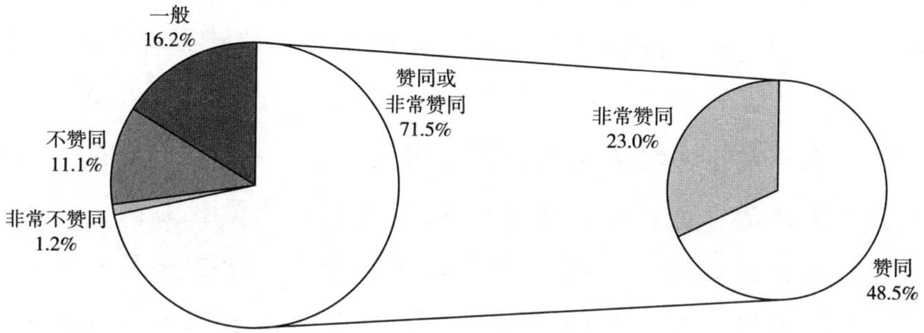

图5-10 被调查者对“自主招生对社会处境不利群体更不利”的认可度

另一方面，自主招生的评价标准缺乏一致性，存在不公平。访谈对象认为，自主招生考试内容随意，师生都感觉比较茫然。同时对素质的评价缺乏行之有效的评价手段，缺乏客观标准。

> 自主招生考试的内容的随意性，使学生和教师比较茫然，学生不知道学什么，教师不清楚教什么（浙江M5校长，2017）。
>
> 素质很重要，但是目前还缺乏行之有效的评价手段。比如北大的自主招生，它所谓的素质只是几个专家看对眼罢了，缺乏客观的标准。不要拿钱钟书考零分那样的例子。这只证明他行不能证明没录入的不行。这是一个证伪的问题（山东M4T1，2017）。
>
> 高校自主招生考试命题太随意，应该事先告知大概的考试范围。所以当下自主招生存在的问题是政策不清楚、信息不透明、考试内容不明确、学生的选择受限制。让学生能够享受到公平公正的待遇，这才是我们要追求的东西（浙江M6校长，2017）。

总之，自主招生给予高校更大的招生自主权，是符合高考改革的发展方向的。但是类似自主招生这样的制度设计，涉及的方面很多，各方面观点也很多元，需要在其中寻找更符合中国国情的平衡点，一方面保留客观的评价标准，另一方面也要尽量赋予高校自主选择与评价学生的空间，为经济社会发展选拔和培养多样化的人才。

> 自主招生如果完善了，是很好的一个方向。（问题是）如何使之更简洁，更公正。高校如果不认可，就像找对象，找个根本不认识的，两个人很难产生深刻的情感。学生如果从高一开始就知道那一类高校的专业方向，不是跟所有的人竞争，而是跟那一届所有喜欢物理的人竞争（浙江 M3 校长，2017）。

2020 年 1 月，教育部印发《关于在部分高校开展基础学科招生改革试点工作的意见》，决定自 2020 年起在部分高校开展基础学科招生改革试点（简称“强基计划”），不再组织开展高校自主招生工作。“强基计划”是立足我国国情和教育发展现状，在自主招生工作经验和综合评价试点成果的基础上进行的一项拔尖创新人才选拔与培养的探索与尝试。高校自主招生在探索综合评价学生、破解“唯分数论”等方面取得了积极成效，自主招生政策实施中的经验与问题也将为“强基计划”等延续性的政策实施提供借鉴。

三　综合评价招生的公平性

综合评价招生是新高考的重要举措之一，按照“两依据一参考”，即依据统考成绩、学考成绩，参考中学生综合素质评价，进行综合评价招生。浙江实行“三位一体”招生，上海高校一般按照 6∶3∶1 的比例确定统考的语数外三科、学校面试成绩以及学业水平考试成绩的比重。两地的实施进度也有所不同：2011～2013 年浙江省“三位一体”综合评价招生主要处在省内发展阶段，2014 年以来开始拓展到高水平大学试点，2017 年浙江省有 42 所高校通过“三位一体”招生；2017 年有北大、清华等 24 所高校在上海通过综合评价招生录取新生。一方面，综合评价招生打破“一考定终身”，给予了学生更多选择机会，学生获得感强；部分高校形成成熟的制度和经验，得到广泛认可。另一方面，综合评价招生破除了传统高考模式下“唯分数论”的弊端，在多元评价标准下，关注学生的个性，招到适合高校培养的精英人才。能够通过综评进入重点高校的学生对此认可度高，而高校也认为因此能招到满意的人才，可以说两相情愿。对综合评价招生公平性的质疑在于，有人能够胜出，有人被排除在外，而依赖于专家评审的面试方式是否公平也尚待证明。

（一）谁更易胜出？

访谈对象认为竞赛获得者、能言善辩者、物理成绩好的学生以及成绩中上的学生在综合评价招生中更易胜出。

首先，综合评价招生与自主招生一样，学生在某个学科领域的竞赛成绩成为高校比较看重的条件之一。竞赛成绩在一定程度上能够衡量学生的学科素养，同时在缺乏统一标准的前提下，竞赛、在中学的成绩排名等成为相对可以信赖的客观标准。

> 离复旦大学的分数线还差十多分，但是我生物竞赛拿过一等奖，参加了一些自主招生之类的，如果没有竞赛的成绩的话，理科成绩还是很看重的。……我同学今年就是靠生物竞赛的成绩进了清华大学（浙江 U4S3，2017）。
>
> 我的裸分是上不了的，但是通过“三位一体”能够上。……复旦大学是按照面试进去的，有化学和物理的竞赛成绩，是二等奖和三等奖（上海 U1S2，2017）。
>
> 学校会送我们去别的大学进行生物培训。学校组织生物竞

赛培训。暑假去湖南师范大学上大学的课程，寒假去浙江大学上大学的课程（浙江 U4S3，2017）。

其次，多数进行综合评价招生的高校的笔试会以数学和物理为主，因此物理成绩突出的学生在综合评价招生中会较容易胜出。这也成为经历过高考的学生传递给下一级学生的经验，在学生进行趋易避难的学科选择时，作为一种参考。而且在浙江 M1 中学访谈中，担任年级组长的 T1 老师认为，他们学校通过“三位一体”的学生多了一倍，也与学生的理科基础好有关，容易在综合评价中胜出。

我高一的时候就去准备生物竞赛了，对生物的感觉比较好，我准备学医科，对物理的要求不是很高，像复旦大学大一对不同科目有等级分配的，化学是 A 等，物理只要 B 就可以了，大学里面也有学习要求的分配，当时把物理丢掉也是比较好的选择。但是在“三位一体”笔试的时候，我发现没有选择物理会有弊端，因为“三位一体”很多都是物理题，当时我是蒙得比较准，通过了笔试，还是比较幸运的。但是如果要考一些难的物理题，会比较吃亏。大多数“三位一体”的笔试还是以数学和物理为主。这对新高考选科方面是要考虑的一个方向（浙江 U4S3，2017）。

再次，“能言善辩”“逻辑清晰”的考生在综合评价招生的面试中容易胜出，这对参加综合评价招生的学生的语言表达能力和临场发挥能力提出了挑战。伯恩斯坦提出了精制语言编码和局限语言编码的概念，认为出身于不同阶层的学生使用的语言编码不同是导致学业成败的一个重要原因。我国学者认为，大众传媒和“同城待遇”对学生语言习得的影响在一定程度上消弭和跨越了两种语言编码的局限[①]，但是良好清晰的语言表达能力依然作为一种文化资本在代际传递。能言善辩、逻辑清晰、举止得体的学生无疑在综合评价招生的面试环节更容易获得加分。

> 我觉得在这种“三位一体”的面试当中，有两个点比较关键。一个就是逻辑比较清晰的，文字比较缜密、比较严谨的，在阐述的过程中能够自圆其说也好，能够比较清晰地讲出自己的思想也好，能够让评委眼前一亮的，这种学生可能分数会高一些。再一点就是语言表达能力比较强的，能够把自己的想法很好地表达出来，能够吸收其他同学的一些想法，融合进自己的一些思考当中去。因为它是即时性的表现，所以考验这两方面能力（浙江 U2T1，2017）。

最后，综合评价招生对成绩中上的学生更有利。在浙江 M1 中学的访谈中，学生认为综合评价招生给予了自己与顶尖学生“并肩”的机会，靠裸分不能进入目标高校的学生，可通过其他方面的素质表现，征服面试官，继而获得进入重点高校的机会。而担任年级组长的语文教师 T1 认为，从整个年级的情况来看，也支持这个结论。这也是新高考改革中成绩中上的学生和排名中上的中学获得感较强的原因之一。

（二）谁不易受益？

新高考对处于塔尖的中学和学生的影响不是很大，而处于中上水平的高校和学生能够获得更多的入学机会，那么在总的招生计划不变的情况下，必定会有处于中下水平的薄弱学校及其考生受损。按照前

---

① 程龙衣、魏永莉：《语言编码理论能够解释当代中国教育问题吗》，《上海教育科研》2011 年第 1 期，第 20 ~ 23 页。

面四条受益考生群体的标准——“竞赛获得者”“物理成绩好”“能言善辩者”“中上成绩者”，显然以农村考生为主的部分县市级中学或者农村中学的考生都不占有优势。受师资和财力等因素的限制，薄弱学校的学生没有能力或者机会参加学科竞赛并在竞赛中胜出；物理选科中薄弱学校因为垫底而提前退出了这场智力游戏；相对来说农村考生在语言表达能力、知识面等方面也不占优势。因此，综合评价招生增加的机会在一定程度上意味着对薄弱学校及其学生机会的剥夺。

> 刚才问杭二中（的负责人），他们“三位一体”走掉200多人，面上的985肯定是减了的。这就是说，他们学校考走的多了，也就意味着别的学校考走的减少了。而且，对高校来讲，如果按照申请材料来讲，肯定名校的学生走的多，因为没有统一的分数来评价，只能把过去的经验作为参考，的确会这样（北京U1招生负责人，2017）。
>
> 县城、农村学校水平差不多的学生，同样去投简历，入围的机会少很多。现在自主招生有学科竞赛的部分，这个和师资、财力都联系在一起，“寒门出贵子”这句话越来越难说了（A8T1，2017）。

同时，综合素质评价的使用对社会处境不利群体学生不利，因此，有访谈对象认为高考最大的公平就是看分数，分数面前人人平等。这一观点在问卷调查中也得到证实，66.3%的被调查者“赞同”或者“非常赞同”“‘两依据、一参考’对农村学生更不利”这一观点（见图5-11）。

> 高考最大的公平就是看分数。看别的，穷人的孩子更吃亏。好家庭的孩子，站在父母的肩头，当然更容易摘到星星（山东M2T1，2017）。
>
> 不要参考综合素质评价，直接考试更公平（Q475，2017）。

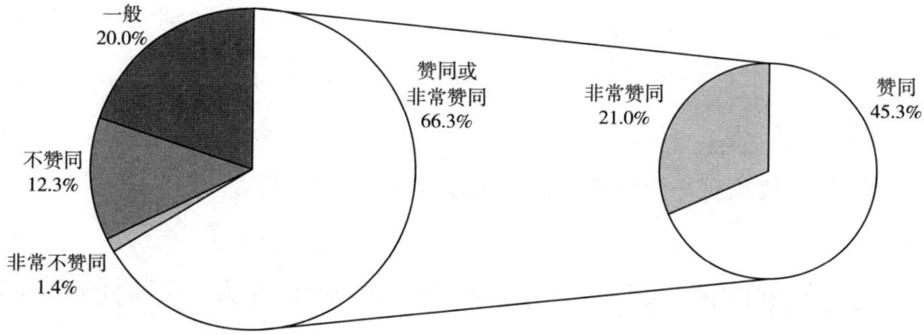

图 5－11　被调查者对“‘两依据一参考’对农村学生更不利”的认可度

（三）程序公平吗？

综合评价招生程序公平性的质疑包括综评与统招的冲突、专家标准的公平性以及与 GPA 的相关性，即综合评价招生的科学性与公平性的关系问题。

一是综评与统招的冲突。有高校招生部门管理者认为，综合评价招生如果在全国范围实施的话，躲不开的就是公平性的问题。高校综合评价招生的时间节点是在高考之后，如果学生参加综评招生，那么将会面临与统招计划的冲突问题。同时，学生访谈对象提出，存在综评分数较低调剂到不喜欢的专业，而如果走统招的话结果会更好的问题。也就是说，统招与综评的招生计划与安排存在冲突，学生选择综合评价招生可能会失去通过统招被理想高校录取的机会，这是综评提高选择性的风险之一。

我好朋友高考 560，填华师大，因为面试的一些问题，导致综评分数比较低，调剂到了她很不喜欢的教育技术学。后来分数线出来发现，如果不走综评的话，可以自己选华师大的专业，甚至可以走财大（上海 U4S12，2017）。

现在如果全部推广之后，带来的问题躲不开的是公平性。

现在考试时间节点是在高考之后，这意味着高校考试时间是冲突的。“三位一体”按照三倍的计划数来考试，实际上三分之二的人是陪绑，但是如果不能被录取，等回去参加统招时，统招的计划被减了（北京 U1 招生负责人，2017）。

二是专家面试的科学性与公平性。有学生认为，不同的高校在综评环节看重的项目及其占比存在很大的差异，可能会存在一定的主观性。

我个人主要做数学的课题，但实际上每个院校对不同课题的评价主要看老师。如果是我做的内容，他问的是其他的问题，要么风马牛不相及进行错误的评价，要么看不到你实际的价值（上海 U6S7，2017）。

大学综合评价专家的抽取是随机的。好的一点是公平，但是有可能社会科学的教授抽到的是自然科学的学生，这个还是蛮难甄别的（A2T1，2017）。

总之，综合评价招生充分尊重高校的招生自主权，能够选拔更多具有学科兴趣与特长的学生进入相应院校，符合高考改革的发展趋势，受到高校和学生欢迎。但是同时我们也必须意识到，在当前的条件下，因为招生成本等因素限制，大规模进行“两依据一参考”综合评价招生是难以实现的，各高校应根据各自的办学水平和特点理性对待，适当扩展，不宜全面铺开。

四　问题与归因

从根本上说，招生录取方式的公平性问题是高考科学选才与保证公平的价值选择的两难问题，其关键是从“一考定终身”的单一评价标准转向“两依据一参考”的多元评价标准之后产生的公平性问题。单一评价标准的弊端是，既不符合人的全面发展的特点，也不符合经济社会发展对多样化的人才需求；而多元评价的弊端在于不能像唯分数论的单一评价标准那样具有相对客观性、可比较性。换句话说，传统招生录取模式下用一把尺子衡量，刻度是精确的，但是难以测量人多方面的知识、能力和性格特征，因而不合理；在新高考多元招生录取模式下，用多把尺子可以更全面地衡量学习者的综合素质，但是不同尺子的刻度是否准确，根据多把尺子的度量总数相加后给予学生入学机会是否合理，同样受到质疑，这种质疑背后反映的是我国人才选拔机制的理论与实践合理性问题。

（一）精英管理

科学选才背后的理论假设是，通过高考科学选才可以为国家经济社会发展提供必需的人力资源和智力支撑。米勒提出了精英管理（meritocracy）的社会理想，认为每个人的地位和报酬取决于其才能和努力，社会制度设计需要根据个人品质来分配社会有利地位，体现为择优的原则。我国社会学学者刘精明根据大型全国性高校调查数据，发现目前普通本科教育机会分配能力标准占绝对主导地位，随着本科层次的提升，能力效应和出身效应同时扩大，二者之间的相对关系和基本格局维持在一个较为稳定的状态。[①] 也就是说，在我国统一高考制度为主的人才选拔方式下，不同层次的大学分配机会表现出较为明确的绩能主义“唯才是举”的典型特征，也就是米勒的“精英管理”的社会理想。我国部分高校通过追踪以综合评价招生方式录取的学生发现，试点高校各专业对综合评价招生的生源满意度高，学生在高校的综合素质和能力有一定优势，面试等级分、

① 刘精明：《能力与出身：高等教育入学机会分配的机制分析》，《中国社会科学》2014 年第 8 期，第 109 ~ 128 页。

高考投档成绩与学生 GPA 具有线性关系，因此认为综合评价招生对考生的评价是合理有效的，也正基于此，高校对于扩大综合评价招生的诉求较高。

（二）先赋与自致

绩能主义的社会理想不可回避的问题是：第一，能力形成过程中的家庭背景或出身的影响，也就是说能力是如何形成的，学生的综合素质形成过程中家庭、教育、环境对其的影响如何。第二，绩能主义的人才选拔制度奉行的是优胜劣汰的原则，绩能主义更容易成为家庭条件优越、能力强者的“社会炼金术的利器”[①]。完全绩能主义的社会往往会根据智力或能力水平的高低而形成社会不平等阶梯，如果缺乏对弱者的保护则将产生更为严重的社会分离。[②] 因此，完全依赖择优原则进行人才的选拔，有利于为经济社会发展选拔强能力、高素质的人才，这也是自主招生和综合评价招生为高校所欢迎和认可的原因。但是同时，不能忽略的是弱势群体学生此类能力和素质的先天条件的不利，即社会优势阶层的学生更容易胜出，而社会处境不利群体的学生吃亏。如访谈中学生也提到学校为其提供参加竞赛的各种教育资源和条件（浙江 U1S3，2017），这是薄弱学校的学生所不能匹敌的。

对此，社会正义理论有不同的观点，如哈耶克反对平均主义的公平观。他认为借由考试而使得某些具备某类素质的人胜出是可以增加社会福祉的，因此是值得肯定的；而家庭背景以及其他社会环境更有利于养成某类知识或者素质，也应该是值得尊重的。米勒的观点是在批判新自由主义者的立场上建立起来的，他也承认完全的平等是不可能的。在一个技术化程度不断提高的社会中，会继续存

---

① 刘云杉：《超越贤能主义》，《教育研究与实验》2009 年第 2 期，第 13 ~ 19 页。

② 刘精明：《能力与出身：高等教育入学机会分配的机制分析》，《中国社会科学》2014 年第 8 期，第 109 ~ 128 页。

在与不同的社会地位联系在一起的相当实质性的不平等，择优原则要求这些有利的地位应当公平地加以分配。充分且恰当意义上的精英管理并没有反对平等主义的含义，而是同时强调所有的品质都以适当的方式得到承认和酬劳。如前所述，米勒认为，对品质的判断缺乏客观的标准，同时根据某种品质判断是否“应得”某种利益，也是约定俗成的成分多于确切的标准：“在一群申请人中间分配数量有限的大学入学机会时，我们能够对申请者进行排序但是很难准确说出第一名比第二名高出多少，做出判断的标准并不是充分确定的。”①

（三）各显其能

为解决正义的不可比较性，米勒提出了多元主义的观点。一方面，品质的类型是多样的，社会关系的整体构成应该承认和酬劳多种各不相同的品质，而不是形成品质“独一无二的金字塔”②。另一方面，在确定社会正义的要求时，要将人们不同的“应得”考虑进去，平衡不同的标准：“如果，这些品质中的每一种都有它自己的报酬模式，那么在各种不同的品质之间就会有充分的不可公度性，以至于不再能够形成一种独一无二的赏罚标准：我们不能简单地根据品质把人们分成不同的等级。”③ 因为各种品质之间不可比，就难以将品质划分等级，并且根据等级给予报酬。

这种认可品质的类型和酬劳标准的多元性的社会正义观，对理解招生录取方式的公平性问题有所启发。一方面，综合评价招生本身符合高校对人才的需求，也可以让更多成绩中上的学生借由学校所需要的某方面的特长与能力脱颖而出，获得与顶尖学生比肩的机会，其改革方向是值得肯定的。各高校可以根据其功能定位和人才

---

① 〔英〕戴维·米勒：《社会正义原则》，应奇译，江苏人民出版社，2001，第170页。
② 〔英〕戴维·米勒：《社会正义原则》，应奇译，江苏人民出版社，2001，第223页。
③ 〔英〕戴维·米勒：《社会正义原则》，应奇译，江苏人民出版社，2001，第223页。

培养需求，直接接触和评价学生，改变过去“见分不见人”的状况，寻找合适的学习者，这是高校发展的需要，也是高校招生自主权的体现。另一方面，相对来讲，农村学生所处的社会环境，可能会使其相应的潜力和素质不能得到充分的激发与培养。因此，解决这个问题的关键，一是要从根本上入手，加强农村基础教育。在社会财富分配不均的外部环境下，如果单纯以考试成绩为大学招生的唯一录取依据，将会使农村学生处于更加不利的地位。二是要完善综合素质评价的科学性，呈现多元文化背景下的学生综合素质特征。

我国学者刘云杉提出，当前的知识经济时代是高技能的社会，要求教育的本质从低能力教育转向高赋权的教育。在这种教育中，应该致力于培植社会资本，弥补社会不同群体之间的裂痕，共享多元的期待和行为标准；凝聚集体智力，扩大有共同利益关系的群体，给予个人能力更大的多样性，突破社会等级的限制；营造社会和谐，从政治民主、社会民主走向文化民主，即实现差异文化资源和社会资源的再发现、再挖掘。[①] 这一点，与米勒多元主义的观点有不谋而合之处，反映在综合素质评价体系的完善中，就是要统筹考虑农村学生成长的环境，设计出既符合其实际情况又能考察其未来发展潜力的评价指标体系，寻找其潜在优势，为社会处境不利群体学生提供上好大学的更大可能性。[②] 正如访谈中 C 老师所言，“素质的考察缺乏统一的标准，为什么弹钢琴是素质，编花篮不是呢?”（山东 M4T1，2017）2019 年《国务院办公厅关于新时代推进普通高中育人方式改革的指导意见》强调：“把综合素质评价作为招生录取的重要参考，并充分考虑城乡差异和不同群体学生特点，研究制订高中学生综合素质评价使用办法，提前向社会公布。”可以说，后期我国教育政策调整中已经对此问题有所考虑。

---

① 刘云杉：《超越贤能主义》，《教育研究与实验》2009 年第 2 期，第 13 ~ 19 页。

② 秦春华、林莉：《高考改革与综合素质评价》，《中国大学教学》2015 年第 7 期，第 15 ~ 21 页。

美国学者卡内瓦莱（A. P. Carnevale）和罗斯（S. J. Rose）研究指出，素质是一个动态的概念，不仅包括大学申请者的学业成绩，也包括他们需要克服多大的障碍获得这样的成绩，社会处境不利群体学生能够取得不错的成绩，也具备将来克服其他困难的决心和毅力，这一点应该在高校招生中予以考虑。[①] 他们通过对申请入学竞争性最强的146所大学的招生数据分析发现，美国高校重视学生学业成绩和文体特长，也认可社会处境不利群体学生的努力，但反对单纯地考虑种族或者族裔的因素。[②]

总之，无论是面试还是综合素质评价，都应该客观、真实、全面地记录学生的基本信息。重要的是保持多元的标准，不同社会背景学生的多元品质都能够得到呈现，对学生的综合素质评价体系进行完善，使其为更多学校参考和借鉴。

综上所述，从各利益相关者的视角来看，新高考依然是比较客观公正的制度，也存在公平性争议：招生计划分配方面，分省定额的公平性问题依然存在，致力于缩小城乡、区域、阶层差异的专项计划和协作计划依然有待于完善；考试科目设置实现了文理融合的初衷，学生“功利化”选科和文科倾向引起社会广泛关注；等级赋分制以及不同考试次数之间考试时间、考生群体、考试内容和考试科目的差异影响高考的权威性与公平性；在考试内容的能力立意、综合素质评价以及综合评价招生方面，弱势群体学生可能要处于不利地位。

对利益相关者视角中的新高考公平性问题，应该全面而辩证地来看。高考综合改革在促进学生发展、促进科学选才方面的改革成效值得肯定，笔者在后续跟踪研究中也发现，高校学生群体对改革的成效尤为认可，高考综合改革实现了以学生为出发点的政策目标。

---

① A. P. Carnevale & S. J. Rose, *Socio Economic Status, Race/Ethnicity and Selective College Admissions*, New York: The Century Foundation, 2003, pp. 21 - 22.

② A. P. Carnevale & S. J. Rose, *Socio Economic Status, Race/Ethnicity and Selective College Admissions*, New York: The Century Foundation, 2003, p. 45.

试点省份在高考综合改革过程中的经验，为后续改革省份以及全国范围内高考综合改革政策的调整提供了借鉴。高考公平问题具有相对性与主观性的特征，在此只是呈现了利益相关者视角中新高考公平性问题的新维度。根据米勒多元主义的社会正义理论，尤其是倾听利益相关者的诉求，对个体的素质进行多元的划分，并使其获得相应的利益等观点，为解决这种相对性与主观性、构建实现高考公平性的策略提供了路径选择。

第六章　新高考公平性的实践路径

新旧体制交替之际，原有运行模式包括社会制度、资源配置、体制机制、群体和个体的行为模式等都有一定的惯性。客观上来讲，现有的资源配置难以满足新改革的要求，比如适应选课走班制的师资、教室等资源配置不足；主观上来讲，个体行为选择的趋利避害，使其会最大限度地获取稀缺的优质高等教育资源等。关键是要在总体改革趋势不变的前提下，在新旧模式之间寻找到一个平衡点。高考改革的现实基础决定了新高考公平性问题的策略选择。

第一节　高考改革的价值基础

一　高考公平的复杂性

（一）多重的功能

我国一直强调高考的重要社会功能与工具价值，高考不仅是高校选拔合适人才的主要途径，还引导着中小学教育教学改革方向；同时还承担着促进社会阶层流动、跨越城乡二元结构的功能，更承担着维护社会团结、稳定与公平的功能。在当前社会背景条件下，维护社会公平更成为高考的重要社会功能之一。访谈和问卷调查结论都证实了高考功能的复杂性。

首先，引导中小学教育发展。访谈对象对新高考引导中小学教育发展的功能表示认可，但也有人对高考使得中小学教育中依然存在应试导向表示忧虑，因为教育的理想价值是促进学生的全面发展。“高考主要是考智商，但这个最难改变，我们要让不同智商的孩子都有难忘的童年，都在原有水平得到提高，考不上大学一样觉得人生美好，种地也是一个幸福的农民。”（山东 M1 校长，2017）“去掉急功近利，不要单纯看分数，把孩子当人看，应让孩子敢做梦，具有基本的解决问题的能力，我觉得这才是教育的价值。至于专业发展那是往后深造的事。”（山东 M2T1，2017）

其次，维护社会公平与稳定。高考关系着千家万户的利益，而且这么大规模的考试也是全世界独一无二的。有访谈对象认为，高考的重要功能是稳定，“因为这么多青少年忙着考试，是社会稳定重要因素”（山东 M4T1，2017）。在招生计划分配方面，首先也需要从国家和社会发展大局考虑，而不仅仅考虑某个地方与个体。“大学教育的目的是什么，成全自己，服务社会。中国的国情下，自我的选择也要服务于国家的需要。面向中西部地区倾斜的政策也是如此，应该有国家层面的考虑和倾斜。”（山东 M1 校长，2017）

再次，实现阶层的向上流动。通过选拔性考试实现阶层流动，从我国隋代开科举以来就从未停止。访谈对象从个体成长的角度认为，高考是改变个体命运的阶梯，同时，在实现阶层流动的过程中，高考因为程序公正而成为最被认可的途径。“从我们的经历来说，如果没有高考制度，要改变自己的命运太难了。阶层流动有很多途径，但是这种途径比较公认。”（浙江 M3 校长，2017）

最后，为高校选拔精英人才。选拔人才应该说是高考最基本的功能，但选拔功能与促进公平之间是一对矛盾。在优质高等教育资源有限的前提下，选拔性功能的发挥必然是以过滤掉大部分人为代价的，教育公平问题不可避免。

高考的功能是选拔人才，促进公平，促进社会阶层流动。

我们的教育是选拔精英的（山东 M4T1，2017）。

高考也很现实的，其实就是选拔性考试，选拔出不同层次和类型的人到不同的高校进行进一步的学习，这是高考的首要功能（浙江 U3T1，2017）。

高考是选拔高层次人才的有效途径，也是有才之士的机会，不是平衡社会关系的渠道（Q533，2017）。

除此之外，高考作为一种人生历练对于个体而言具有精神价值。"到了后期，纯靠毅力、惯性往前跑。后来高考，对人的意义，不单是考了什么学校，在精神层面上有很大影响，有苦行一样的感觉。"（山东 M6S1，2017）"高考能够让人获得自信，你觉得只要通过努力都是可以做好的。"（浙江 U2T1，2017）

问卷调查表明，在引导中小学教育教学改革、为高校科学选拔合适的人才、维护社会公平与稳定以及促进社会阶层流动四个功能中，57.1%的被调查者认为高考的首要功能是为高校科学选拔合适人才（见图 6－1），选拔性是高校招生考试制度首要的价值取向。恢复高考 40 多年来，高考被赋予了基本功能之外的过多社会功能，甚至教育系统之外不能解决的社会问题都寄希望于通过高考改革得以解决。如果这些问题都归责于高考，无疑会让高考背离基本功能，即为高校选拔合适的人才。"把社会公平的压力全部寄托在高考一件事情上，这对高考不公平。"（Q1339，2017）以高考招生自主权为例，高校作为人才选拔的主体，有权根据自身发展定位选择合适的生源进入高校深造，从国外大学招生制度来看，通过多元标准选拔学生是普遍的趋势。我国在 40 多年的改革变迁中，一直在倡导和鼓励高校发挥招生自主权，但因为社会诚信体系的不健全等原因，至今尚未真正实现招生自主，不能因为高校招生制度被捆绑了过多功能而动摇这个改革方向。

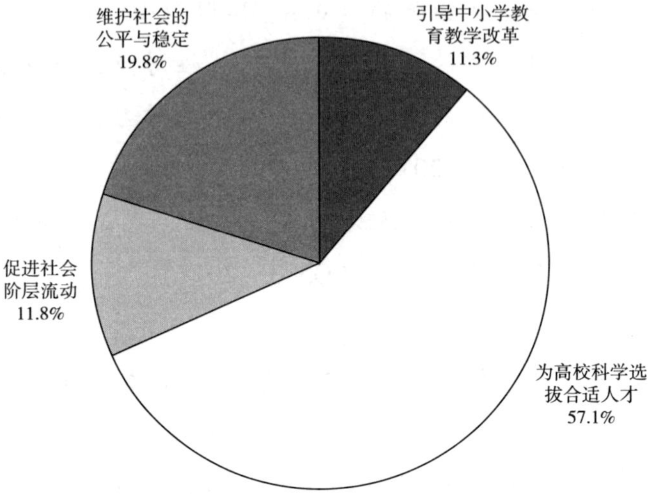

图 6－1　被调查者对“高考的首要功能”的评价

（二）多元的属性

高考公平具有多义性和不确定性，有学者认为，高考公平具有历史性、相对性、主观性、矛盾性、系统性、理想性、客观性和不充分性八种属性。[①] 从访谈对象的视角来看，可以将公平观分为七种类型：相对的公平、发展的公平、合理的公平、客观的公平、多元的公平、差异的公平以及主观的公平。

1. 相对的公平

高考公平是在承认应试者个体差异、区域差异等的前提下，寻求公平认可标准的过程，即公平只是相对的。从这种意义上来看，访谈对象认为高考只是相对公平的方式。

> 高考是一个相对公平的方式，因为具有统一的标准和尺度，分地区划分分数线也具有相对客观的依据。至于不同地区的学

① 王后雄、李佳、李木洲：《高考公平的内涵及属性》，《中国教育学刊》2012 年第 5 期，第 31～35 页。

生，就拿北京为例，学生的整体素质还是较高的，不能拿分数线作为唯一的判断标准（山东 M1 校长，2017）。

没有绝对的公平，改革要有定力，不能会哭的孩子有奶吃，要设计一个大方向。制定政策不要朝三暮四，要照顾大多数人的想法（Q381，2017）。

2. **发展的公平**

高考公平会随着社会的发展变化而产生新的内涵。随着高考改革的推进，在逐步实现某方面公平的同时会产生新的不公平，同时要用发展的眼光看待高考公平。

现在的教育改革是要消除原来存在的那些地区差异，以及农村学生考上重点大学的比例不如原来多了的问题，但是实际上，改革中也会产生新的不公平（山东 M5T1，2017）。

3. **合理的公平**

高考公平的合理性体现在制度设计上权衡各方利益，而制度设计的合理也就具有了公平性。同时高考公平是一种理想的公平，完全的高考公平是高考改革的理想追求，是超越现实的。

协作计划我觉得这个是合理的，国家政策应该从整体来考虑，不能只从自身利益出发。……这就是国家的大局，国家的大局观很重要，这是策略的问题。高考制度设计合理了，也就公平了。程序如果设计不好，不简洁，不合理也不公平。如果没有选择性也不公平（浙江 M3 校长，2017）。

4. **客观的公平**

高考公平具有客观性。访谈对象认为，尽管存在这样那样的问题，当前的高考制度依然是最为公平的制度，主要是其程序上具有严谨性、系统性和全方位的保障力度；客观性还表现在应试者接受考试评价、筛选甄别等外在尺度的一致性是客观的。

> 这个可能是到目前为止程序上相对比较公正的制度（浙江M3校长，2017）。
>
> 高考还是相对比较公平的方式，不管是选拔人才也好，还是怎样，通过高考相对来说可以让大家有机会，通过这个途径对之前的努力获得一个结果（浙江U3T1，2017）。

5. **多元的公平**

高考公平具有矛盾性，诸多问题蕴含在复杂、对立的关系之中，而在新高考改革强调选择性、多元录取、综合评价的背景下，评价高考公平维度也变得更加多元。

> 现在可能我们中国真正需要集中统一的制度，民主、多元，录取的渠道越复杂，问题也多，这个事情越难解决了（山东M5T1，2017）。
>
> 政府肯定要多方面考虑，不能一刀切，否则越来越两极分化。获得优质教育的孩子可能通往更高的途径，农村孩子可能越来越弱。政府统筹考虑，可能就是更加多样化。应该从制度层面保障，尽量做到比较公平合理（浙江U3T1，2017）。

6. **差异的公平**

差异原则是实现教育公平的重要原则，高考公平也尊重差异原则。浙江、上海的高考综合改革中，学校根据自身教学资源情况进行选课走班，其中分类分层分班教学是一种主流的发展方向，也受到学生的欢迎。

儒家思想里有个说法叫维齐非齐，非齐是手段，齐本来就是没道理。干吗求公平？是差异让这个世界精彩（山东 M2T1，2017）。

7. 主观的公平

高考公平具有主观性，因为人们对高考公平进行评价时产生的心理感受和体验是主观的。因此在访谈过程中会有两种截然不同的态度，如有的老师是非常具有批判性的，言辞之间会伴随着激烈的情感体验，而有的老师对高考公平的评价则较为理性。每个人对高考公平性的判断都源于个体经验，而个体经验的丰富程度决定能否对高考做出公平理性而全面的判断。

总之，公平只是相对的，也就是说各利益相关者“公说公有理，婆说婆有理”，没有绝对的公平；公平是发展的，解决公平性的问题本身可能也会带来新的不公平；公平的本质是其合理性，而这种合理本身就是个相对的概念；高考公平是客观的，表现在其严谨的程序和标准；公平是多元的，随着经济社会发展，利益相关者增加，公平的诉求也变得更加多元；公平要尊重差异，需要因地制宜，因材施教；公平是主观的，受个体经验的影响。公平的复杂性本身，是造成新高考公平性问题的原因，也是解读新高考公平性问题的路径。评价高考制度的公平与否，以促进经济社会发展为目标，还是以促进人的发展为目标，要从更宽广的视角来看。

二　利益诉求的多元性

社群主义者认为，正义受到现实中人们不同的价值观念的制约，一种正义观念背后总是有某种道德的观念作为基础，持有不同价值观念的人便持有不同的正义观，在一个价值多元的社会中，人们不可能达成某种一致的、可以普遍适用的正义原则。人们所拥有的价值观念决定着正义观，价值观念优先于正义，正义观与价值观是不能分离的。[①] 高考改革政策制定过程往往体现为不同利益群体利益“博弈”的过程，高考改革必须平衡各方利益诉求，争取最大限度的价值共识。

高校招考政策主体包括决策主体和参与主体，政府是高校招考政策的决策主体，高等学校是高校招考政策的参与主体和高校招生方案的决策者，在国家招生考试政策层面，高校是高校招考政策的执行者，是政策的客体，同时，高校又是高校招生章程与方案的规划者和制定者，履行着决策主体的作用。[②] 考生及家长是高校招考政策的利益主体，对我国高校招考政策的制定和实施产生重大影响，规模庞大的高考队伍影响政治与社会稳定，高校招生考试涉及考生及家长的重大利益，他们会寻求各种途径表达对政策的意见和要求。[③]

（一）行政：公平与稳定

从政府的角度来看，当前我国高考改革依然具有一种以效率优先、兼顾公平的价值导向。首先，高考改革的目的是为经济社会发展培养所需要的人才，为高教强国、建设创新型国家而培养人才，具有一种工具主义的价值理性。反映在高考政策中，表现为强调学生的综合素质、批判精神和解决问题的实际能力，强调多元化的录取方式为社会发展培养多样化的人才。同时，强调对弱势群体的补偿政策，包括对少数民族等群体的加分政策、缩小省际高考录取率的差距、增加农村贫困地区学生上重点高校的人数等。在这种以效率优先、兼顾公平的价值观下，学生选科问题的偏向将影响国家人才培养的科学基础和创新型国家建设的目标，须引起充分的重视。

---

① 何霜梅：《正义与社群：社群主义对以罗尔斯为首的新自由主义的批判》，人民出版社，2009，第 81 页。

② 徐倩倩：《高校“三位一体”招生利益相关者共同治理模式探析》，《文教资料》2016 年第 13 期，第 89～90 页。

③ 罗立祝：《高校招生考试政策研究》，华中师范大学出版社，2016，第 124～132 页。

但是在政策实施过程中，教育行政部门也会受其立场的局限，使得科学与公平、公平与效率的价值导向常常发生冲突，进而引发高考公平性的争议。有访谈对象认为，教育行政部门从管理效率的角度出发推动改革，使得改革缺乏持续性，教育行政部门立场的局限影响决策的科学性，比如教育系统内部课程标准制定者、考试标准制定者和执行者分属不同的群体，标准不一。为了提高管理的效率，地方教育行政部门在政策执行层面“打折扣”，也会影响政策目标实现的效果。

我们每年都提改革，为什么？是因为政绩观在作怪，不改就没政绩（山东 M4T1，2017）。

我们整个教育系统里，国家出考试大纲的是一班人，制订课程标准是一班人，编教材的是一班人，出考试试卷的又是一班人，而我们一线的高中教师又是另外一班人。所有的这些人的标准是不一致的（山东 M5T1，2017）。

（二）高校：权力与质量

从高校的角度来看，对高考改革的诉求首先是选拔合适的人才，招到理想的学生，适应高校专业发展的需要，能够获得更好的大学排名。因此招生自主权和生源质量是最基本的利益诉求。因此，取消高考录取批次改革举措认可度高，因为可以让不同的高校处于平等竞争的同一起跑线；自主招生和综合评价招生是受欢迎的，高校能够借此招到理想的生源，自主招生没有客观的标准，部分高校就依据学生的竞赛成绩和重点高中排名。高校对选科引起的生源的多元化和层次不一是担心的，因为生源质量参差不齐不好教，但这一点与招到综合成绩更好的生源相比，要让位于后者。总之，高校在中央政府和地方政府、校内各院校、各专业、社会大众甚至媒体多方的关注下，以生源质量为第一关注目标。

一是更多招生自主权。高校在招生模式、招生专业和计划、确定选考科目等方面都要求有更多的招生自主权；给高职院校更多招生自主权，能够在招生计划制定和提前招生的选拔上给予倾斜；民办院校在新高考中获得了平等招生的机会，但是依然要求在专业设置、课程体系、教学模式、招生规模等方面有更大的自主权，以应对新的竞争体系下的生存危机。

> 高校在选择招生模式、确定招生专业和计划、确定选考科目要求等方面希望能有更多自主权，真正让高校根据自身的办学情况来自主选择适合自己的学生（浙江 U8 招生负责人，2017）。
>
> 在扩大招生自主权方面希望国家根据高职院校办学特点，给予相关高校更多的自主权，如在招生计划的制定、提前招生的选拔上应给予倾斜（浙江 U9 招生负责人，2017）

二是更多招生计划。在招生计划分配上，我国教育行政部门一直掌握宏观调控的权力，学校每年机动计划调配的比例不超过 2%，因此有高校提出要增加机动计划调配的比例，扩大高校在分项招生计划方面的调整，可以预留一定数量的招生计划用以向生源较好的专业或地区追加计划投放，以招到更优质的生源。

> 在招生计划方面可给予各高校更多的自主权，增加机动计划调配的比例，便于高校选择更加合适的人才（上海 U6 招生负责人，2017）。
>
> 希望扩大高校在分项招生计划的调整、选考科目的调整、“三位一体”招生条件等设置上给予一定的自主权（浙江 U7 招生负责人，2017）。
>
> 建议进一步扩大院校“三位一体”招生规模，让院校预留

一定数量的招生计划，用于向模拟投档生源较好的专业追加计划投放（浙江 U6 招生负责人，2017）。

三是更多综评权力。进行综合评价招生试点的部分高校通过跟踪分析发现学生的 GPA 与其综评成绩呈正相关，因此希望能够获得更多的自主招生和综合评价招生的比例，扩大试点的省份，增加高水平大学的参与度，对高校测试的形式放开限制等。

根据我校自主招生、综合评价等考生的在校成绩跟踪分析，这类考生进校后的表现普遍较为优秀，建议进一步扩大自主招生、综合评价比例。将综合评价经验进一步推广，在条件成熟的省份进一步扩大试点，增加高水平大学的参与度（上海 U5 招生负责人，2017）。

四是更好的生源质量。关于选考科目限定是新高考中最为集中反映高校与其他利益相关者诉求冲突的问题。在解决选科“畸多畸少”的问题上，中学校长、教师和学生都建议高校在设置专业的选考科目时，应该限定选考科目，不能“太功利”，要为国家和教育发展承担责任。但从高校角度来讲，首先考虑的是生源质量，选考科目限定太紧可能会使潜在生源减少，继而影响录取分数和生源质量。

从专业确定选考科目的初衷来讲，高校希望录取到专业基础、专业性向与专业素养比较好的学生，希望选考科目比较明确一些。但是同时也不能不考虑，选考科目定得过少后潜在生源减少，到时录取考生的高考分数比较低，生源不足后还进行多段录取，降低生源质量（浙江 U8 招生负责人，2017）。

我们定很难的，上上下下十几次会议，常委会、招委会，最后院长签字确认。要考虑的因素太多，包括排序会发生变化、学生的素质、生源等，不是那么简单（北京 U1 招生负责人，2017）。

五是在重新洗牌后获得更好位置。“985 工程”“211 工程”高校等顶尖梯队的高校在优质生源的基础上看重专业的相关性，一般高校更多考虑专业对考生的吸引力，而民办院校、高职院校，以及没有获得预期的优质生源的中外合作办学高校等，会将选考科目放得更宽泛。为了寻求更优秀的生源质量，高校会有趋利的表现和招生政策的调整，以在新高考重新洗牌的差序格局中谋求更好的位置。

985、211 高校估计是真正在考虑选考科目跟专业的相关性，一般的高校原来生源质量并不是非常好，这类高校更多地还要考虑专业对考生的吸引力，可能在选考科目上再动一些脑筋。举个例子，师范院校跟高中接触较为密切，到高中调研发现学生选历史和化学的比较多，有的专业为了吸引更多学生报考就把这两门科目放进去（浙江 U5 招生负责人，2017）。

本校是民办高校，太多的选科要求怕影响考生报考，尚未有选科要求（上海 U7 招生负责人，2017）。

有些学校“三位一体”综合评价招生时会设置长线专业或者冷门专业等第一志愿录取不了的专业，学生也会舍弃专业需求，退而求其次以综合评价招生保底（浙江 U3T1，2017）。

（三）中学：强制与无奈

从中学管理者的角度来讲，目标是要在现有办学条件的基础上保持自己的办学优势，让更多的学生能够考上好的大学，反之就会觉得不公平，自己的学生也会“吃亏”。从任课教师的角度，关注的则是自己的负担、压力、工作分配是否公平，自己教的这一科的学生能不能在高考中获得更好的机会。在这一点上，优质高中与一般高中的选择也会有所差别，优质高中更倾向于选择教育的理想价值，致力于学生的全面而有个性的成长，而一般中学则限于自身办学条件更倾向于选择教育的工具价值，即能让更多的学生获得教育机会。

首先，访谈对象认为，优质高中在教育改革中发挥引领和担当作用，力争让教育回归到育人的本原目的，即为了学生全面而个性的发展，强调对学生的素质教育，追求教育的理想价值。

> 这种改革投入的力度是前所未有的，作为一所市实验性示范性高中，我们在办学中会坚定改革的正确方向，强化社会责任和担当，继续探索前行的路径（上海 M14 校长，2017）。
>
> 对于我们中学来说，肯定还是把教育回归到育人本原，这一点是不能忘的，那也就是说所谓全面而有个性的特长发展，把课程建设作为重中之重，踏踏实实地推进综合素质教育。综合素质评价的问题，也只是我们检验素质教育成果的一条通道而已（上海 M11 校长，2017）。

其次是普通中学的强制与无奈。部分中学选科具有强制性。难以满足选科走班条件的学校，“穿新鞋走老路”，对学生选科走班进行“套餐制”的安排。中等学校也可能会出于功利化的考虑，劝导学生不要选择物理学科。而薄弱学校绝大多数学生则会放弃选择物理等学科。

> 理想状态是全体学生走班教学，每个学生有自己个性化的功课表。但从实际教学来看，真正能这样做起来的学校较少，因为这样做对于排课和教学工作有序进行及教学实际效果带来很大的挑战。像我们这样学生学习基础和学习能力相对薄弱的

学校，绝大多数学生会放弃理科思维能力和初中学习基础要求相对较高的物理、化学、地理等学科，而主要选择技术、生物、历史等学科（浙江 M8 校长，2017）。

中学还会产生变革的“焦虑”与“功利”心理，选课走班的新的教学模式给传统的学校管理模式带来冲击，如何在新高考的模式下获得最大的“红利”，这种变革下的“焦虑”与“功利”心理也会在一定程度上干扰学生的选择和学生教育机会的获得。

现有的政策是无论学考还是选考，高一一上来马上可以选择，组织考试。学校有学校的功利，学生有学生的功利。包括“田忌赛马”的现象，随着样本的增大，考生数量的增加，就更加凸显出一种功利（浙江 M8 校长，2017）。

我们基层教育，家长和学生，都会趋利避害。一个地区的中学要生存下去靠什么，靠质量；质量靠什么，靠高考，输出优秀学生（山东 M5T1，2017）。

（四）学生：理性与功利

从学生的角度来讲，更加关注的是能否获得平等的教育条件和教育机会。学生在高考科目、考试时间和次数、考试方式以及志愿的填报等各个环节的选择都可能受到来自家长和学校等各方面的影响，他们会为了获得更高的分数、躲避更强的对手，追求更轻的考试负担、更多的机会和更好的职业，做出趋易避难的“功利性”的选择，继而不能完全按照学生个体的兴趣与爱好进行选择（见图 6－2）。在优质高等教育资源有限，依然按照总分录取的情况下，这种“趋利性”有其存在的道理。

一是追求更高的分数。选考科目的设置使学生趋向于选择获得

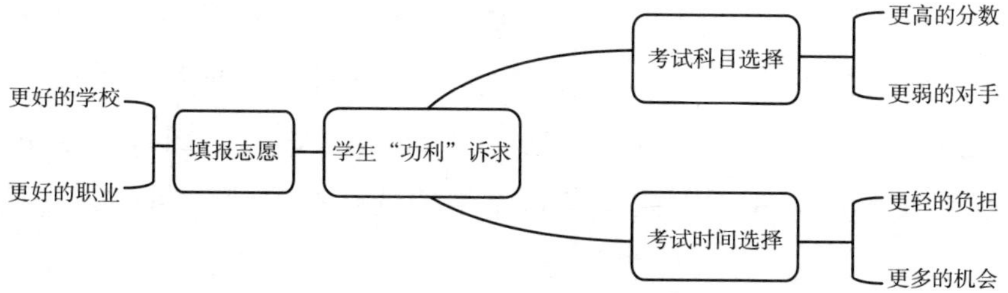

图 6-2　学生的"功利化"选择倾向

高分的科目，而不能完全遵从学生的兴趣与爱好。物理学科比较难学，选择物理学科需要付出更多的时间和精力，因此学生更倾向于放弃物理学科而选择较容易获得高分的学科。社会实践活动不能直接产生分数，但学校对此有"强制性"的要求，会使得家长产生焦虑的情绪。

从实际情况看，大多数家长、学生关注的只是选什么组合能考到高分、能进什么学校，真正从职业兴趣出发进行选择的还是少数（上海 M15 校长，2017）。

第一届在没有家长干预情况下，学生的选择是常态的、很自然的，按照喜好选择。选两门以上理科科目的孩子占了 87%。但现在新高三下降了 10% 左右，我认为可能有家长干预了，考物理风险大了，担心考不到高分（上海 M11 校长，2017）。

学生比较功利，往往从总分最大化的角度去选择和考虑。这样就会出现一些当初我们觉得不太理解的组合，比如生物、技术、政治这种组合，这种组合是很怪的（浙江 M6 校长，2017）。

目前大学的录取主要还是以分数的高低论英雄，学生和家长包括部分学校的老师都会根据自己的评断，选择能够得高分的科目作为自己的选考科目，而非学生根据自己的爱好、兴趣和特长进行选择，职业生涯规划教育也将变成一种摆设（浙江 M12 校长，2017）。

二是选择更弱的对手。在等级赋分制的博弈规则下，家长和学生的选择自然会规避强者，因为考试成绩本身不仅取决于自己的努力，还取决于参与同一场考试的学生群体的状况，因此才会出现“田忌赛马”的现象，而这也使得学生的选择有违政策制定的初衷。

> 选物理的学生急剧减少，一方面因为物理较难，另一方面选择物理的同学大多成绩较为优异，学生自然会规避在这样的群体中博弈（上海 M16 校长，2017）。

三是追求更轻的负担。高考科目变成“3 + 3”的模式和一年两考是希望能够给学生提供更多的选择，但面对高考应试导向，家长会引导学生进行“功利化”的选择，比如上海的地理和生物在高二选考，如果在高二选择了生物或者地理，就可以减轻高三的学习负担，在减轻学习负担与尊重个体的兴趣之间，学生选择了前者。

> 高考科目中地理和生物可在高二进行，直接导致了地理和生物选课人数的暴增，有的学校出现全员选地理、生物的现象。如果一个学生在高二选了生物和地理，那高三面临的就是“3 + 1”，学习上的时间更充裕（上海 M6 校长，2017）。
>
> 部分学生为了抢跑，更是在假期开足马力，提前进入到复习备考中，使得本来调整身心、养精蓄锐的时间成了疲于奔波的学科培训时间（浙江 M6 校长，2017）。

四是追求更多的机会。更多的机会体现在一年两考和综合评价招生的选择上。无论是成绩好还是成绩不好的学生，绝大多数都会选择参加第二次考试，使得本来致力于增加学生的机会、降低偶然性的考试，在一定程度上增加了学生备考的学习负担。同时综合评价招生的考试成为学生和家长“保底”考试录取的途径。

对于是否参加外语第二次考试，绝大多数学生都毫不犹豫地选择“是”。不论是第一次考试成绩不理想的学生，还是一些考试成绩相当不错的学生，大都表示绝不放弃。新高考改革给学生带来福利，很可能不足以撼动长期以来根深蒂固的应试教育和分数至上的陈旧观念（上海 M3 校长，2017）。

学校设置“三位一体”综合评价招生是为了招到想要的学生。这是他们的出发点。但是最终进来的学生不一定是学校想要招到的，往往综合评价招生考试变成了学生和家长“保底”录取的途径（浙江 U3T1，2017）。

五是追求更好的职业。在高考填报志愿的环节，家长选择的导向是出于学生将来选择更好的职业。因此，在先专业后学校，还是先学校后专业的选择中，学生会倾向于首选学校。

开始我是考虑先专业后大学的，但是家里人认为现在的招聘市场首先看大学，比如医药系四川有个专业顶尖的学校，但是这个大学太籍籍无名了。所以，我是先大学后专业的（浙江 M1S7，2017）。

总之，高考公平是一种较难调和的利益博弈，高考公平到底是谁的公平？政府依据什么原则分配？高校更倾向于将机会给谁？中学如何让自己的学生胜出？学生如何权衡利弊、趋利避害以获得更优质的教育机会？在相互冲突与纠缠的公平诉求中，国家要保证谁的教育机会？这是从高考改革利益相关者的视角给出的选择难题。

三　高考改革的科学性

（一）价值选择的两难

新高考面临选择性与科学性、科学性与公平性等价值冲突，高考改革政策制定者与执行者常常面临两难的价值选择。

比如，浙江省高考综合改革中选考科目的时间调整就面临价值选择的两难。2017 年之前，浙江省的等级考试是在每年的 4 月和 10 月一年两次进行，而且是每门选考科目都可以考两次。因为多次考试给教学秩序带来的干扰，2017 年浙江省教育考试院对选考时间进行了调研，但访谈中发现各利益相关群体的意见有很大差异。地方教育考试机构、中学校长和统考科目教师同意改为 1 月和 6 月；选考科目教师和学生并不赞成。地方教育考试机构和中学管理者赞同更改，认为原先时间与学校教育教学进度不一致，调整时间以减少对正常教学秩序的冲击和学校管理的压力。语数外统考科目教师认为，原先时间设置下，4 月份之后语数外老师压力巨大，赞成时间调整。选考科目老师认为 4 月份不用更改，因为 6 月份第二次选考，已经复习过，时间太充裕，只能刷题、炒冷饭。学生反对时间调整，认为原先时间安排压力适中，不仅不会加重应试负担，反而感觉有张有弛，很符合复习和学习的规律（见图 6－3）。

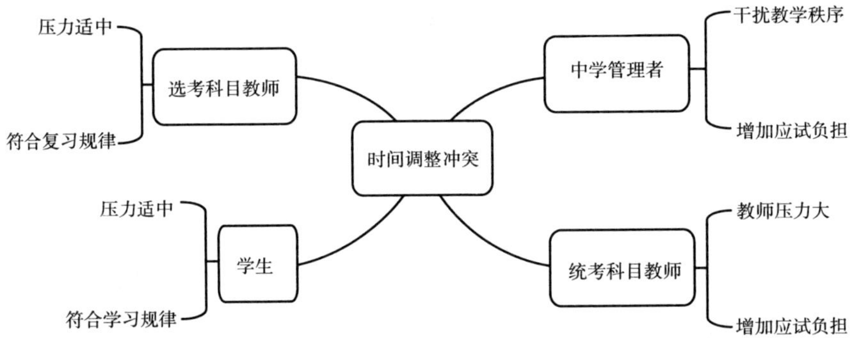

图 6－3　浙江省高考考试时间调整的价值冲突

我们做过问卷调查，教育行政部门、校长、中学老师和在校学生进行了问卷调查，但是意见不是很集中。高三的学生希望明年 4 月份考，老师希望在 6 月份。到底这届学生在几月考还在浙江教育考试院的网上向社会征求意见，充分发扬民主

（A2T1，2017）。

把考试时间放在学期末有利于高中学校按学期安排教学；同时，也避免原方案增加寒暑假的复习负担，导致因家庭经济条件而拉开成绩差距的局面（浙江 M12 校长，2017）。

我是语文老师，我强烈支持6月份。去年，我们语数外老师每一周的课时是二十多节，有三个高血压，两个高烧不退，还有七八个老师到年级办公室来说“天已经在转了”，我说：没倒下就要坚持下去，一个萝卜一个坑，没有人能替你。我们咬牙坚持，相互搀扶着，流着泪，流着血坚持下来。我们强烈希望是6月份！（浙江 M1T1，2017）

高三上学期的11月份，4月份就相对比较轻松。第一次考试都已经复习过了，第二次考就是炒冷饭了，再延长到6月份，时间有点太充裕了（浙江 M1T5，2017）。

听说新政策是将4月份的考试挪到6月份，这一点值得商榷。11月份考了，如果不满意只扔掉一门或者两门，那么6月份就要针对五门或者四门，还有统考三门。这是很累的！考试就是一次松弛一次紧张。11月份考完势必有放松的行为，这个状态就不能像以前那么好了。考试挪到6月份，在重压之下有点累（浙江 M1S5，2017）。

2017年11月28日，浙江省人民政府颁布《关于进一步深化高考综合改革试点的若干意见》，同时浙江省教育考试院发布政策解读文件，公布此文件的形成过程，重点强调了高考综合改革调整过程中的多元参与，包括各利益相关者参加的30多场次座谈会，采取的问卷调查、数据分析、方案论证等科学论证程序等。[①] 但是同时，我

① 《深化高考综合改革试点相关政策解读》，http：//www. zjzs. net/app/portal/article. html? article Domain. id = 110890&category Domain. id = 195，2019年5月4日。

们也注意到浙江省选考时间依然选择从4月和10月调整为1月和6月，一方面显示，浙江省高考综合改革政策调整遵循了以人为本的原则，重视了中学教师的身心负担和正常教学秩序的问题；另一方面也在一定程度上说明，高考综合改革政策调整在贯彻以学生为本的原则时做出了权衡与舍弃，将学生的学习者意愿让位于教学秩序的稳定性。在同一个社会中，有不同的价值取向就有不同的正义观，人们选择一种放弃另一种，取决于这种选择带来的更广泛的结果，浙江省关于选考时间的调整就说明了这一点。

再比如，高考改革的科学性与公平性的两难选择，选考科目的等级赋分制在实施之初，政策制定者和执行者就对其科学性本身持有异议，但是在实施标准分可能会引起更大范围的公众质疑的前提下，退而求其次选择了等级赋分制，就是在科学性与公平性之间做了选择；异地高考政策在北上广没有实质推进，因为在户籍制度没有实质性改变的前提下，单纯的异地高考政策放开带来高考移民等更广泛的非良性社会流动，可能会给社会稳定带来更深刻的影响。罗尔斯多次提到这个问题，一种社会正义观是确定社会基本结构中的分配的标准，但依然存在确定别的价值的原则，比如效率、自由等。正义原则只是社会理想的一部分，虽然也许是最重要的一部分。[①] 教育政策制定者和执行者，要从不同利益相关者的实际出发，兼顾各方的利益诉求，尤其是对在资源分配中可能会利益受损的情况，要进行科学的研判和政策补偿。

（二）利益相关者缺席

新一轮高考改革是一场全面系统的改革，从政策方案的制定到实施过程的评价跟踪，各部门的重视程度与参与度都史无前例。改革方案的制定耗时四年之久，方案制定过程中成立了国家教育考试

---

① 〔美〕约翰·罗尔斯：《正义论》，何怀宏等译，中国社会科学出版社，1988，第9页。

指导委员会，进行高考改革制度框架的调研与修正。十八届三中全会将高考改革纳入深化教育领域综合改革，明确提出多项改革举措。[①] 浙江和上海作为首轮高考综合改革试点省份的实践表明，新一轮高考改革是一场高度透明的改革，各利益相关者的多元参与、协同治理体现了比较突出的改革成效和保障。

首先是高考综合改革方案与制定实施过程中的多元参与。访谈对象认为，浙江省在高考综合改革方案制定和实施的过程中，充分征求各利益相关者的意见；党委政府高度重视，各地各相关部门全力配合、统筹规划，宣传解读和培训贯穿始终，尤其是以学生为本的理念贯穿始终；在高考改革过程中面临利益冲突与解决难题的时候，如果有利于学生和学校，那么就会坚持下来。

其次是高考改革组织实施过程中的多元参与。如上海高考改革过程中的多元参与包括五个层面：一是领导层的全体动员，包括市政府、市教委、高中校长等行政领导，也包括市委书记、区委书记等党内领导的全体参与，还包括教育系统之外如公安、法院、分管区长等行政领导，保证工作负责层面上的全体动员。二是填报志愿环节的全体动员，包括教师、学生、家长等在政府组织下全体参与动员大会，保证志愿填报的模拟和正式填报为所有家长所知晓。三是高考准备工作实践的全员参与，包括考务、监察、公安、卫生、人大等部门全体参与。四是技术层面教委组织各部门，运用统一的宣传方式向社会公布，保证所有对外公布政策和数据口径一致。五是社会媒体、社会培训机构等都被邀请参与到高考改革中，让他们充分表达各方观点和了解高考改革，共同服务和支持高考改革。这种多元参与在一定程度上保障了改革顺利进行。

再次是考试标准与教学标准制定过程中的多元参与。试点省份

---

① 刘海峰：《贯彻意见精神推进新一轮高考改革》，《中国高等教育》2014 年第 21 期，第 7～9 页。

除了考试组织过程中的多元参与，还有考试内容、考试目标、课程标准、教学内容等也组织多方参与研讨。如上海市确定本学科考试说明，组织包括高中一线教师、教研员、高校教师和学科专家在内的群体进行讨论与论证，并最终由上海市考试命题与评价指导委员会进行论证；组织高校教师、教研人员、一线教师组成的专家团队制定教学指导文本和课程标准，并征求考试部门的意见，为考试命题发挥基本依据的作用。

最后是高校层面组织的多元参与。如上海大学组织对重点中学的调研，听取高中一线教师的意见和学校教学安排；在校内征求各学科专家、教授意见以及组织多层面的研讨，最终学校领导层面确定各专业招生选考科目要求的方案，并向社会公布。

总而言之，相比于过去，高考改革过程中各利益相关群体的参与度有所提高，尤其是家长和大众媒体的参与度有所增加。但访谈对象对增加实质参与依然有强烈的诉求。

一是认为高考改革政策制定者应该加强考察，倾听民意。有观点认为高考改革专家对一线实际情况的了解远远不够。改革应该加强实地考察，而不是由教育行政管理者主观意志决定。

> 任何改革一定到一线实地考察，而不是高高在上地一句话拍板（Q646，2017）。
>
> 要多下基层听一线老师的意见，不要专家一个人拍脑袋决定（Q700，2017）。
>
> 制定游戏规则是不是要考虑参与者的感受？比如说老师，比如说家长，最关键的还有学生（Q1318，2017）。

二是认为利益相关者的参与度依然有待提高。新高考征求了各级意见，但利益相关者的实质参与依然比较少。调查问卷分析发现，37.3%的被调查者认为当前我国高考招生制度咨询与投诉的渠道

“非常畅通”或者“比较畅通”（见图6－4）；但是只有16.6%的被调查者认为会“经常参与”或“较多参与”高考改革政策的制定（见图6－5）。无论是对高考改革的参与度还是对利益诉求渠道的认可度，不同利益群体之间并不存在显著的差异，但是被调查者是否有“职务”① 有显著差异，也就是说高校招生办或者负责招生工作的校长，高中学校校长等担任管理职务的人参与改革的渠道和程度要更多一些。访谈对象认为，高考改革的这种征求意见只是一种形式，

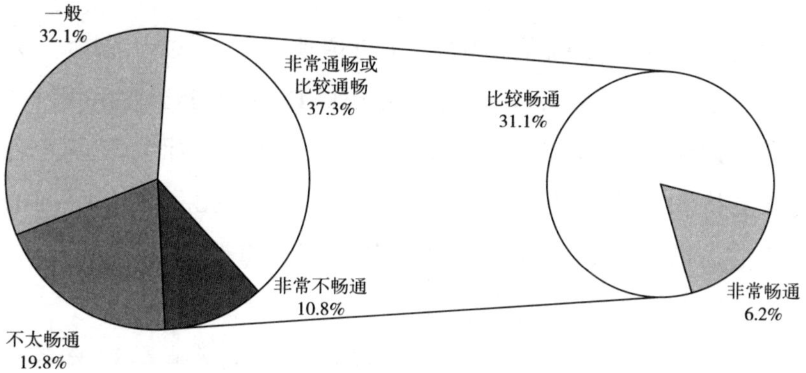

图6－4　被调查者对高考咨询与诉求渠道的认可度

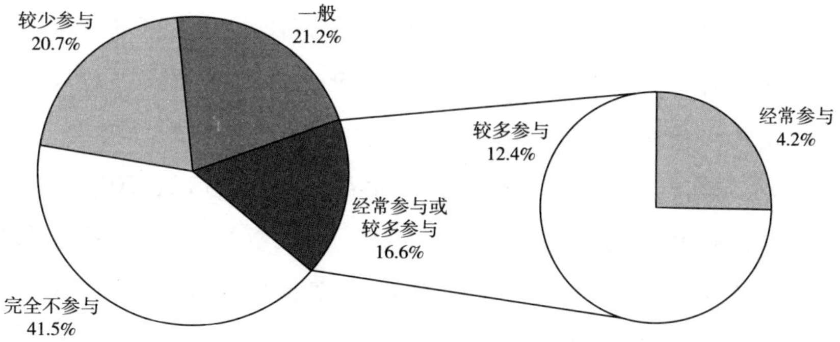

图6－5　被调查者对我国高考改革政策的参与度

① 是否具有职务根据三个方面判断：一是被调查者选择是否担任“职务”；二是发放到中学校长与高校招生办主任，以及各级考试机构负责人的问卷，定义为有“职务”；三是选择“其他”类的被调查者符合中学校长、招生办主任等职务类别的。

一般也只是到校长的层面。Z 校长是副校长，认为自己参与的程度比较少；即便是教师代表也无法代表所有教师的观点。对基层部门征求意见也只是一种形式，不会产生实质意义上的作用，“提了也没用”，反而代表某种舆论倾向的媒体发声，可能会改变决策。

形式上也对学校领导征求意见。基本上征求的意见在实施过程中没有体现，只是有提意见的机会（山东 M5T1，2017）。

三是认为应该加强信息的公开与透明。访谈对象认为，大学专业限制要求、学校对课程设置的规划应该尽早让学生和家长知晓；综合素质评价尤其是社会实践环节，需要家庭、社会等多方合作提供资源支持和形成合力；自主招生和综合评价招生要有明确的考试范围，考前信息的公开与考试过程公平同等重要。

加强学生的职业生涯规划指导，大学专业限制要求提前让学生家长知道，学校对于三年课程设置规划尽早让学生、家长知道（浙江 M4 校长，2017）。

其实我们涉及综合素质评价，尤其社会实践环节，没有社会方方面面的支持是很难做到的。由于上海长期以来进行校外组织的建设，横向部门的支持，使得学生的社会实践非常好。家庭、社会、舆情引导等方面形成很重要的合力（A1T2，2017）。

建议自主招生和“三位一体”考试要有大纲范围，在考试中要注明学科、试卷类型。理科类要指定范围，文科类可以适当开放。要让高中教师做能做、该做、做得好的事。考试前的信息公平与考试过程公平一样重要（浙江 M5 校长，2017）。

四是认为对有争议的问题缺乏共识。新高考政策制定者实施等级赋分制而没有采纳标准分，一定程度上也是源于对大众层面上的取得共识的担心。在一定程度上也可以说，因拥有相对成熟技术的测量专家等利益相关者的参与不够，也缺乏相对行之有效向大众解释这一计分制度的措施，于是退而求其次选择了等级赋分制。后续改革省份也只是对这项政策进行调整，如出台相应的选考科目保障机制，并没有选择实施标准分。

> 我们也曾考虑过采用标准分的方式对学考各科进行计分，但是多场论证会开下来认同度不高，没有高等数学基础的广大老百姓更加难以接受。如果采用复杂的数学模型进行标准分转换的话，难以让社会大众理解并接受，可能引发不必要的质疑。一场面对社会大众的改革，一定要注重科学严谨性和通俗易懂并重，否则生命力就不够旺盛（A1T1，2017）。

总之，民意是公共政策的决策基础，政策的制定更应该重视从社会现实中寻找问题及其解决办法，而不是从概念出发演绎问题。高考改革是一项事关国计民生的重要改革，对于政策制定者和管理者而言，不应把自己所秉承的价值立场带到政策制定和管理过程中。政策制定者要站在多元利益主体的立场，根据社会和教育发展的状况，依据专业的经验和判断，对政策价值进行选择，谨慎地平衡各利益主体的诉求，科学决策。

（三）科学论证的必要

高考改革牵一发动全身，因此对为什么改、改什么、怎么改等方面都应该有充分而科学的论证。有访谈对象对支持多次考试、科目改革的公平性的整体改革环境持有怀疑态度。

> 作为一个考试，从学科角度讲最重要的假设是统考三门选考科目一等重要，其他六门或者七门是二等重要，还有没有列入选

考科目归入综合素质评价的内容。“六选三”或者“七选三”就意味着这些科目是平等地位，平等就是一样的选择。现在出现的结果，实际上在老百姓的眼中并不平等（A4T1，2017）。

我们整个师资、教材还没有完备的情况下，通用技术跟信息技术在推进，这是有问题的。我儿子信息技术方面很强，初二拿到了高中组信息技术二等奖，现在在北大数学科学院。他跟我讲，信息技术学的就是一点皮毛的东西，对以后也没有多大帮助。我们要培养工匠精神，要推进技术，但这里还有很多事情可做（浙江 M6 校长，2017）。

我国的教育政策制定一直倾向于通过刚性的政策手段来实现教育的普及目标，虽然对教育发展曾起到了积极的推动作用，但人民群众的教育需求在决策过程中的重要性依然有待重视。教育发展的新动向表明人民群众对于教育的利益需求在教育发展中开始起越来越重要的作用，并对传统制度发起了挑战。现代社会、现代教育的发展正在呼唤一个反映不同利益群体要求的、多样化的教育制度，这一新制度对于寻常百姓而言，就是要满足和解决民众最关心、最直接、最现实的教育问题；而对于政府而言，就是用最公正的方式给予最大多数人以最大的关怀。

第二节　新高考公平性的路径选择

高考改革是一项系统工程。对综合改革试点中发现的问题，包括“功利化”选科倾向、选考科目的等级赋分制等进行技术改进，能加强考试理论研究和考试队伍建设，为科学决策提供参考。考试制度本身的系统设计以及教育系统内部各个环节的衔接是实现制度公平的保证。在政府主导的高考改革过程中，广泛听取民意，推进协同治理等，能为高考改革营造和谐的政治环境，推进改革的顺利进行。高考改革、教育综合改革和体制机制改革，是促进我国新高考公平性的重要路径。

一　改进技术　科学决策

实现新高考的公平性，首先需要对高考改革的具体环节进行科学的论证，包括对综合改革试点省份的考试时间、考试次数、考试赋分方式、考试内容等制度设计进行调整，以高考制度的科学性保障程序公平。

（一）调整考试安排

首先，调整考试时间。访谈对象普遍建议将学业水平等级考试的时间放在高三进行。等级考试作为选拔性考试，分散在高二和高三学期进行影响传统的教学秩序，对学生的知识基础、学业压力都有影响，是造成新高考公平性质疑的原因之一。因此访谈对象建议将等级考试时间放在高三进行，可以让学生有充足的时间强化知识基础，更符合学生成长的规律；可以避免高二、高三不同年级的学生同场竞技造成的不公平；可以保障高三正常的教学秩序；可以减轻学生的心理负担和学业负担。这是在上海和浙江新高考改革中都面临的问题，后续改革省份多数选择将选考科目与高考统考科目放在同一时期进行。浙江省对选考时间调整的分歧，一方面说明高考改革的科学性在增强，充分发扬民主，让各利益相关者都可以表达各自的利益诉求，另一方面也说明高考改革的“众口难调”，很难满足各方利益诉求，既要坚持以人为本，尊重学生和教师的权益，又要考虑政策调整的现实基础。

其次，减少考试次数。一年两考打破了“一考定终身”的传统考试弊端，但是考试次数过多也给中学带来增加应试负担的困扰。访谈对象建议应适当减少考试次数，降低学生学业负担，缓解对传统教学秩序和学校管理的影响，以及多次考试带来的公平性质疑。

减少考试的次数，合理确定考试次数；适度降低考试的难度。为体现公平性，避免不同级学生之间无序竞争，学考、选考对象应限定为同一级的学生（浙江 M9 校长，2017）。

访谈对象对考试次数的具体调整有不同的声音：一是学考考一次，选考考两次。因为多数学生都不会再参加第二次学考，但选考两次的机会还是受到学生欢迎的。因此学考仅作为合格与不合格考试，而选考科目可以考两次。二是暂缓一科两考，解决两次考试不等值带来的公平性质疑，以及对教学秩序和学生课业负担的影响。三是选考与高考同一时间进行，高考科目语数外三科加选考三科，提高高考作为选拔性考试的严肃性与公平性。四是等级考与期末结束同步，缓解中学对教师和学生管理的难度，减少对正常教学秩序的干扰。五是等级考替代合格考，减少考试次数，减轻学生和学校备考的压力。六是考一次招一次，正视选拔性考试的严肃性与公平性。

目前，实施高考综合改革的省份在考试次数方面相比于浙江都有所减少，一般在外语听力考试、学考科目等方面保持两次机会。浙江省保留了外语考试和选考科目考试的两次机会，作为破解“一考定终身”弊端的主要改革举措之一。

最后，学考、选考分离。一是时间分离。在高二结束全部学科的学考，选考在学考后进行，将学考时间和选考时间分离，解决学校组织考试和学生备考压力问题。二是功能分离。将作为水平考试和选拔性考试的学考与选考分离，在考试命题、考试难度上区别对待，提高选拔性考试的科学性与公平性。三是群体分离。将学考、选考分开进行，避免高二和高三同场竞技带来的不公平。减轻学生心理负担，也提高新高考政策的科学性与公平性。四是权力的分离。将组织学考的权力还给中学，由中学组织学业水平考试。

能否把学业水平考试还给学校，或者学业水平考试只作为取得高中文凭的过关考试，只做出合格或不合格两种评价。建议学考和选考分离，以此降低学考难度（浙江 M10 校长，2017）。

2017 年浙江省人民政府《关于进一步深化高考综合改革试点的若干意见》提出："为有利于高中学校按教学规律组织教育教学，从 2017 级高中学生起，学考与选考分离，实行分卷考试。考试安排在每年 1 月、6 月举行。学生首次学考不早于高一第二学期，科目不多于 3 门，须于高三第一学期结束前完成各科目学考，每科 1 次机会，不合格者可申请再次考试。学生高三起参加选考科目考试，学考合格方能报考相应科目的选考。"可以说，这一政策调整实现了学考与选考功能的分离、群体的分离，在笔者后续跟踪研究中发现，各方利益相关者对此政策调整比较认可。

（二）改革等级赋分

等级赋分制的计分方式成为新高考公平性的众矢之的，对于如何调整等级赋分制，目前存在三种建议：科学处理等级分与原始分的关系；对等级赋分制进行技术上的调整；实行标准分。

一是谨慎转换原始分。目前的高考录取依然是按照总分录取的，而且是在语数外三科原始分的基础上，加上选考三门的分数构成，选考科目三科的分数是原始分经过等级转换而成。这两种不同的分数是否可加，本身就值得商榷。因此，访谈对象建议提高选考科目总分分值，增加划分等级数或者减少赋分的分值到 2 分或者 1 分一档，增加附加题的分值和区分度，提高计入高考总分的原始考卷的区分度。总之，这种建议依然是在保留等级赋分制及其功能的基础上，在考试内容、等级划分、划分分值等方面做微调，以期改进等级赋分制的科学性与公平性。

提高选考科目总分分值，即增加划分等级数，拉开考生之间的梯度（浙江 U5 招生负责人，2017）。

二是对等级赋分制进行技术调整。按照对不同考试科目的重视程度和考试成绩的分布，对原始分数进行技术调整，比如物理科目的成绩呈正偏态分布，因此可以对物理科目进行调整。访谈对象认为，浙江和上海在文综和理综的时期，就是对部分科目的成绩进行了调整，如浙江省将理化生中的生物科目权重调整为比其他科目少，上海实施“3+1”的考试科目时，包括新高考摸底考试的过程中也对部分科目成绩进行了调整。

考试科目实行等级制的扭曲效果是可以精确计算的，假设分数是按照正态分布的。那么等级切分可以进行精确的量化估计，根据不同情况进行畸变的估算（上海 U6S7，2017）。

有没有一种比较简单的方式解决正偏态的问题呢？我们能否这样，首先要求教育考试院严格控制理论上的难度系数，其次分数出来以后调整各个科目的难度。比如物理平均分 85，化学平均分 82，能否把物理和化学的平均分调整为一个分，将正态分布重叠之后再以原始分来分等。分布不改变，调整平均数和中位点使其更接近（A7T1，2017）。

但是，对分数进行调整，可能会产生新的公平性争议。比如，不同成绩的学生比例如何确定？有的科目调整有的科目不调整，如何跟公众解释？无论是考试机构、高考咨询专家，还是学生都有类似的担忧。考试机构管理者认为是否应该让公众了解，并能够讲清楚，这需要一个过程。当然，公众对考试政策的了解和认知程度也在增加，如有学生主动提出根据考试成绩以及学校选科的要求，对原始分数进行调整，认为这是可以理解的。

我觉得物理的方法可以采用综评的方法，不选物理的学生分数线要高，可以设定两个分数线。复旦和交大，不选物理的资格线比选物理的分数线是要高一些的，我觉得在裸考（统一高考）和报志愿方面可以做出限制。根据当年等级考的难度进行公布，如果物理很有用，高校需要物理方面的人才，物理方面做这样的设定我觉得是可以理解的（上海 U5S7，2017）。

三是积极探索实施标准分。等级分实际上是“改良”的标准分，只是以比例的形式划分等级，社会公众层面会更容易理解，而标准分更加难以解释。多数访谈对象认为，实施标准分可以从原始分中脱离出来，可以实现不同批次考试成绩的可比与等值。目前实行标准分的最主要的障碍就是社会公众层面不容易解释，因此地方教育考试机构希望国家层面出台相关指导意见，而高考咨询专家也希望上海等试点省份探索试行标准分，山东和海南等第二批高考综合改革试点省份准备实行标准分。

我希望大家能够呼吁什么呢？标准分。一定要从原始分脱离出来，要变成国家的指导意见，那我们就有底气了。如果现在我们去提这个东西，肯定老百姓不知道这是科学的，解释不清楚。如果能够借助第二轮四个省的推动制定标准和办法，彻底解决这个问题。现在只能关注面上的公平，而不能关注到科学性（A1T3，2017）。

后续改革省份除了海南省实施标准分之外，其他省份的选考科目（或者再选考科目）均实施等级赋分，只是在划分的等级等方面根据本省人数有所调整。为解决等级赋分引起物理选考人数下降等问题，2017 年 11 月 28 日，浙江省人民政府《关于进一步深化高考综合改革试点的若干意见》，提出建立科学合理的选考科目保障机制，以应对选考科目赋分方式上的公平性问题：当选考某科目某次考试赋分人数少于保障数量时，以保障数量为基数进行等级赋分，保障数量按国家相关学科人才培养需求确定。浙江省教育考试院在《深化高考综合改革试点相关政策解读》中指出：根据高校授理学、工学学位专业近五年在浙江省高考录取考生的平均人数确定物理学科的选考科目保障数量为6.5万人。上海及后续改革省份也相继出台政策，建立选考科目保障机制，以期完善等级赋分制的科学性与公平性。第三批启动高考综合改革的8省市，实施“3+1+2”科目改革方案，解决了物理选考人数下降的情况，但化学科目相继出现选考人数下降，引起舆情问题。2020年《江苏省教育厅关于进一步做好深化高考综合改革相关工作的通知》提出建立思想政治、地理、化学、生物等四门再选科目保障机制，并首先启动化学科目保障机制。可以说，这是高考改革中一种较为保守的政策调整，并没有从根本上改变高考选考科目赋分方式的公平性问题，是退而求其次的权宜之计，其实施效果如何有待进一步跟踪研究。

（三）促进科学决策

新一轮高考综合改革应该在考试技术的改进上加强研究，进行科学的论证与实践，以缓解高考改革的科学性质疑引发的公平性问题。这就跟政策制定者与执行者的科学决策能力有关，因此亟待加强相关研究为科学决策提供依据。

首先，加强高考改革研究。新高考改革方案的出台、试点先行继而在全国范围内推广的改革过程就说明新高考改革的科学性在加强，但是依然存在需要进一步科学论证的问题：新高考改革的模式；文理分科的理论基础；统考与学业水平考试之间的关系；学业水平考试中的学考（合格考）与选考（等级考）的关系；课程改革与高考改革的关系；等等。对这些问题需要做进一步的科学研究，为高考改革提供充分的理论基础。

现在我们是不是应该从价值判断层面来问一些问题，比如高考综合改革的模式是什么，是高考科目改革的“3+3”吗？都说不清楚。这次整个高考改革包括学业水平考试的合格考、三门统考科目、三门选考科目综合起来进行评价，那么三者的关系是什么？学业水平考试中合格考与选考的关系，学业水平考试到底应该起到怎样的作用，没有描述清楚。唯一清楚的假设是学业水平考试至少是省一级来做的，那么这么设计的要素是什么？因为世界上没有任何一个国家是这么做的。合格与不合格到底应该由谁来判定？省一级教育行政部门来判定是否合理？课程改革与高考的关系怎样？如何保证六门课或者七门课是同一水平的？我们现在整个体系是否支持这样的考量？(A4T1，2017)

要充分实验，充分暴露问题，发现问题，解决问题才能推出去。要有利益相关方最大限度参与，在一个地方实验多年成熟了再推向全国（山东 M4T1，2017）。

其次，加强专业考试队伍建设，加强对考试技术的研究，以技术实现公平。随着新高考改革的实施，我国高考制度已经发生了变化，原有的高考制度依赖的制度环境已经发生了变化，如上所述的考试技术问题，都需要国家和地方层面组织专业的研究团队，在考试理论、考试技术论证以及大规模数据测算基础上加强研究，为科学决策提供技术支撑，以技术上的科学性来保障考试的公平公正。

从技术层面上，要加强专业考试队伍机构的建设，国家统一考试是我们国家的特色。上海有可能是第二家，每个地区的考试使用不同的东西。上海有可能，我寄予很大期望（A4T2，2017）。

加强专业化研究，考试招生制度改革的研究还要进一步深化，现在看到的问题是高考的概念已经变化了，制度发生变化了，包括学业水平考试和高考的关系，制度上要做一些研究，

> 怎么处理这些关系，选考科目放在学业水平考试里面，时间上的问题，可以提出一些问题，希望组织专题的研究，进一步完善原来的方案（A4T1，2017）。

如关于选考科目赋分的问题，有观点认为标准分和等级赋分制本质上是一样的，在一定程度上标准分也存在等级赋分制的问题。因此，至于是将等级赋分制进行改良，还是将原始分进行技术上的调整，又或是实行标准分，需要在国家层面展开相关的研究，制定优化方案，避免各地因为技术支撑不足产生较大的差异。

> 关于区分度和赋分的问题，设计方案时考虑了很多方法，都做了比较，最后选择了等级赋分。事实上不同的赋分方式，也都存在缺陷。标准分从理论上可能相对科学，但是等级赋分存在的问题，标准分一定程度上也存在。在当初设计等级分的时候就想到这个问题，是正态带点偏态，按照比例在理想状态下平均分为 68 到 70 分，实际上平均得分往高提我们也是想到过，可能高分段的学生区分度略有下降（A2T3，2017）。

最后，学校层面加强校本研究。新高考改革为教育领域带来了新的命题，无论是高等学校还是高中学校都需要就面临的问题加强研究，为政策执行提供理论支持。如高等学校需要对招生限选的科目、综合评价招生的录取方式以及新生入学后的培养方案等加强研究，加强对新生的数据追踪，建立基于研究和证据的政策改进机制，最大限度地保证高考改革的科学性与公平性。高中学校则须切实研究选课走班、综合素质评价等政策措施，因地制宜，因校制宜，真正实现学生的全面发展。

> 目前，新生尚未入学，那么在培养的过程中，对于会产生

的问题，我们会及时地进行分析研讨，并提出相对成熟可行的应对方案。在新一轮的人才培养方案制定过程中，学校已经在研究这方面的问题（浙江 U3 招生负责人，2017）。

开展综合评价录取内容和方式研究，实施“三位一体”学生追踪研究，建立基于研究和证据的政策改进机制，最大限度保证综合评价录取的科学性（浙江 U8 招生负责人，2017）。

深入研究综合素质评价实施细则，在权威性的意见指导下，各校切实实施，增大其信度和效度，并真正纳入学生升学考试评价体系中（浙江 M12 校长，2017）。

总之，进行新高考改革需要加强专业化的专题研究，为高考改革提供科学决策依据，当前需要进一步研究的问题包括：一是学业水平合格性考试、学业水平等级性考试与统考的关系问题，包括考试内容、功能、管理权力等；二是选考科目分值的可比性与公平性问题，尤其是对等级赋分制的技术调整、实施标准分的科学性与可行性等；三是物理选考人数“断崖式”下滑的潜在影响与应对策略；四是学生学业负担的标准与合理性等。应组建教育行政部门、考试技术专业人员、高校、中学多元参与的研究队伍，发挥多方力量参与的积极性，围绕高考改革中的重要议题进行专题研究，在科学研判的基础上为教育行政科学决策提供依据，增强改革的科学性与公平性。

二　系统设计　政策调整

高考改革的系统设计包括加强高考改革本身的政策持续性和动态性，以及高考改革与课程改革的联动、高校与中学的衔接等。高考改革牵一发而动全身，只有教育系统内外、教育系统内部子系统之间协同推进，才能保证改革的成效。

（一）教考联动性

高考改革的系统设计首先表现为教学与考试的联动。教学与考试之间是辩证统一的关系，教考统一与教考分离一直是比较有争议的话题。前者是指考试的目的、标准和内容的一致；后者是指人员、机构、职责的分离。[①] 新一轮高考改革中强调教考联动就是强调改革目标、教学标准和内容的一致性，为高考改革奠定现实的基础，也为不同教育条件下的学生提供公平的起点。

高考是基础教育领域发展与改革的指挥棒，高考改革不可回避的是基础教育领域课程改革的问题，解决高校人才培养的需求和高中课程设置的平衡问题。访谈对象认为，目前的改革顺序是考试先行，课程改革在后，考试内容变了，教材还没有变化。也就是说在高中教学中课程内容的改革落后于考试改革，这个过程的本末倒置造成改革中的很多问题，给访谈对象带来焦虑。

> 之前的每次改革，一般都是先推教材，再进行综合改革，这样的好处是学生和教师学习和应对上有的放矢。而这次是先综合改革，却没有变革教材，学生的主要学习的对象就是教材，学生不可能经常翻阅学科指导意见的，这就给学生造成了困惑，例如物理学科中某一册书只考一个章节的两章，其余不考，这不仅增加了学生的负担，也造成了一定的浪费。建议是教育教学改革要同步，高考改革和教材改革要同步（浙江 M5 校长，2017）。

另外，课程标准、考试标准由谁来制定也是个问题。中学校

① 边新灿：《关于教考分离——也谈考试与教学的关系》，《中国考试》（高考版）1996 年第 1 期，第 49～50 页。

长认为，应该请一线教师参与考试标准的编制，而不应该请校长尤其是不上课的校长去制定学科指导意见。同时考试标准和教学标准的指导意义也是不同的，不能以考试大纲或者考试说明代替教学大纲，考试大纲或者考试说明实际上是为高考命题服务，作为高考命题的参考和依据的，以考试大纲代替教学大纲，就又要回到应试教育的传统模式之下了。

> 实际上不能以教学大纲代替考试大纲，更不能以考试大纲代替教学大纲，两者是相辅相成的。考试大纲或者考试说明实际是对命题负责，给命题老师一个参考和依据（A4T2，2017）。

总之，教考联动实际上说明高考与高中课程内容的关系包括两个方面，考试标准与课程标准的相辅相成与各自独立。考试改革在前，课程标准和教材改革在后，或者以考试标准代替课程标准都不妥当。应该实现二者的相辅相成与各自功能独立，但这就需要中学教育工作者对教育理想价值的坚守，致力于学生的全面发展，而不仅仅是学校的升学率。

（二）中高衔接性

高考改革的系统设计还表现为中高衔接。高考改革是为高校选拔合适的人才，因此高校需要参与高考改革过程。访谈对象认为，在一定程度上可以说，在高考改革中大学是被边缘化的，需要加强高校与高中的衔接。主要反映在限定选考科目、限定综合素质评价使用的规范以及改变总分录取的应试教育导向方面。

> 除了自主招生，大学是被边缘化的。不能在高一的时候就告诉学生大学需要什么样的人才。……大学和中学是没有见面的，见面也没有用……还涉及别人怎么竞争的问题。我觉得高

考还是应该采用统一的考试与自主招生结合在一起的方式（浙江 M3 校长，2017）。

首先，高校与中学的衔接体现在限定选科上。对选考科目的“功利化”选择倾向，许多访谈对象寄希望于高校层面加以限制，比如进行“大文”或者“大理”的捆绑，正如江苏省之前所做的，文科必考历史，理科必考物理①；尤其是重点专业，对国家人才战略储备非常重要的专业，优化招生专业组的限制，以吸引更多学生选择；无论是重点高校还是普通高校从专业发展所需要的高中学科基础出发，确定选考科目；增加高校对物理学科的要求等。访谈对象寄希望于高校层面限制选考的科目和条件，会对学生和家长起到引导性的作用。

还有一个思路我觉得是比较难的，要高校来配合，就是把物理作为必考科目（A2T1，2017）。

现在有很多老师很焦虑，校长很焦虑，要改变这种状况。我们当时也提出很多想法，比如说是不是也来“大文”“大理”，大理就捆物理，不要七选三，可以六选二（浙江 M6 校长，2017）。

提高高校招生的自主权，如目前规定选考科目中有一门符合就可报考，改为至少有两门符合或必须选考某一科目，从而可提高专业与选考科目的吻合度（浙江 M13 校长，2017）。

其次，限定综评使用规范。高校与高中教育的衔接还体现在综合素质评价的使用上，仅仅要求高中做，但高校用与不用，真用与

---

① 2018 年江苏省公布新的高考改革方案，规定选考科目由“6 选 2”调整为“6 选 3”，放弃了“大文”和“大理”的捆绑；2019 年包括江苏在内的 8 省份公布的高考改革方案中，科目设置采取了“3+1+2”的方式，除了语数外三科之外，物理或者历史中选择 1 门，化学、生物、地理、政治 4 门中选择 2 门。

假用也是影响综合素质评价使用效率的关键因素。因此高中校长建议要进一步明确高校使用规范，如何使用，用到何种程度需要让高中学校、学生和家长知晓，减少各方疑惑和焦虑。

> 希望大学能分享他们在招生录取中是如何使用综合素质评价的，减少家长和学生的疑惑（上海 M4 校长，2017）。
>
> 这确实是一个不断探索的过程，需要建立与中学的对接。高校在制定方案的过程中，不能闭门造车，要进行充分调研，听取中学教师的意见，因为他们最了解综合素质评价结果的产生过程（浙江 U3 招生负责人，2017）。

最后，高校改变总分录取的传统模式，引导学生、家长和中学改变应试教育导向。有访谈对象认为，将物理选课人数下降归罪于家长和学生的“功利性”是不合适的，而当前反而是高校更具有“功利性”，依然按照总分录取而不是根据学生的特长录取。高校应该承担社会责任。

> 物理学科选择人数下降的问题，是我们的学生和家长很功利吗？应该说他们非常理性。你的理性是发挥个性特长，他们的理性是考上好大学。高校现在很功利，高考录取学生是根据特长还是总分录取？板子打在学生和家长身上只是一方面，高校要承担社会责任（A4T3，2017）。
>
> 高考改革必须和大学改革同步，学生才不会考进去之后在大学课堂上睡觉（Q756，2017）。

高考不仅仅是中学的事情，也不仅仅是大学的事情，而是应该在全社会范围内建立起的完整而系统的整体。单是对高校参与高考改革、中学培养方面提出规范和要求，也会造成行政权力与招生自主权之间的矛盾。高校有自身的考量，比如限制选科对生源质量的影响。在综合素质评价方面更不应该一刀切，高校应该根据学校具体情况决定是否运用综合素质评价结果，教育部门也应该给予高校使用综合素质评价决定考生的录取与否的权力。

综上所述，在促进高校与中学的衔接问题上，一方面，要加强高校与高中学校的合作，指导学生进行职业生涯规划，引导学生根据个人兴趣特长进行选科；探索优化选考科目的考试规则，限定物理或历史为选考必选科目；引导和规范高校承担社会责任，合理设置必选科目，保证选才的科学性和适切性。另一方面，可以扩大“双一流”高校招生自主权，探索“两依据一参考”综合评价招生，打破总分录取的传统模式；发挥“双一流”高校的社会责任，明确规定限选科目，为国家拔尖创新人才的科学选拔与培养质量守住底线；探索应用型本科高校和高职院校多元化考试招生制度改革；落实管办评分离，高校自主决定与申报招生选考科目，教育行政部门负责审批，引导高校从人才培养和学科专业发展的角度考虑招生问题，避免高校招生中的功利化倾向。总之，应该让高考回归科学选才的基本价值取向，落实对高等学校的分类管理与改革。

（三）政策持续性

十年树木，百年树人。教育改革是一项长期的事业，保持改革政策的持续性与稳定性，建立高考改革的长效保障机制，对教育发展和人才培养来讲至关重要。

首先，建立与高考改革相配套的长效管理机制。高考改革不仅仅是基础教育或者高等教育的问题，也不仅仅是教育部门的问题，解决高考改革面临的问题需要国家、地方不同行政部门之间进行协调解决，有高中校长提出要“建立上级相关部门领导协调机制，不能让教育部门和学校唱独角戏”（浙江 M9 校长，2017）。同时，从高考制度本身来讲，考试内容、考试方式、招生录取机制等环节是一个整体，访谈对象表示目前过分注重高考科目改革，而对招生录取制度的改革力度不大，这也成为影响高考改革成效的重要方面。

其次，建立与高考改革相配套的师资队伍。当前的高考改革是在相应师资队伍尚不配备的情况下进行的，因此中学层面倍感压力。有的中学通过招聘新教师、个别教师实行跨年级授课等方式解决教师工作量分配不均的问题。访谈对象建议省级教育行政部门对师资培养未雨绸缪，建立区域层面的师资调配中心，实现区域内师资的共享；推进智慧教育工程，通过网络工程弥补师资不足的问题。这些都需要在教育系统内部和外部资源的协调下才能够解决和实现。整个社会都应该形成尊师重教的风气，提高教师待遇。另外，目前高考改革省份的职业生涯规划指导主要依靠学科教师、学校行政人员、心理咨询教师和班主任等进行，他们缺乏职业生涯教育的专业指导能力，而解决这个问题也需要引进和培养专业的职业生涯规划指导教师，开发区域性的共享资源，如“课程资源、主题活动方案、资源包等”（上海 M5 校长，2017）。

最后，搭建综合素质评价和综合评价招生的共享平台。综合素质评价和综合评价招生缺乏统一标准是其受到公平性质疑的原因之一，因此解决这个问题的策略之一就是建立统一的平台。综合素质评价的共享平台建设包括：提供更加丰富多样的社会实践岗位，满足学校和学生对社会实践活动的需求，避免一些学校因办学条件有限而不能为学生提供相关资源产生不公平；加强中学综合素质评价信息化建设力度，确定相对统一的标准和操作规范，方便中学、学生、家长和第三方社会机构填写，确保综合素质评价的信度和效度；提高高校招生选才的效率，降低高校招生成本。

> 为郊区学校增加社会实践点，同时提高社会实践点的积极性——目前只是增加了他们的工作量，接待单位甚至是排斥的

（上海 M6 校长，2017）。

家长评价的形式、内容、采纳过程、量化表达等内容是否可以由省里统一制定相关附加政策，真正将家长评价如实反映到学生综合素质表现中。省级教育部门出台明确的录入标准，制定详细可操作的内容范围，学校在此基础上进行个性化修订，形成适合学生个性发展的综合素质评价表现资料（浙江 M4 校长，2017）。

总之，需要加强国家宏观层面的统筹协调，推进教育体制机制改革，为高考改革提供制度保障和资源支撑。加强领导协调管理机制，为高考改革提供长效制度保障；加强与选课走班制相匹配的师资队伍建设，从动态发展的角度进行高中学校教师的培养、引进、管理与评价，解决选课走班制引起的教师“潮汐”现象和教师评价问题，为新高考提供必要的人力资源保障；加强综合素质评价和综合评价招生的平台建设，统一标准和规范，确保高考改革的公平性；加大对高中学校的投入，包括经费的投入和教师编制的充足供给，为新高考提供资源保障。

（四）动态发展性

高考改革的问题具有动态发展性，部分问题的解决需要在动态发展中加以调整。首先，高考改革是多重利益群体博弈背景下的改革，任何改革措施的出台都可能受到质疑，这就要求政策制定者和执行者能够从长远的角度来考虑，对政策进行前瞻性系统评估，而不是后发性的应对，从而应对高考改革问题层出不穷的的被动局面。

这是多重博弈背景下的改革。如果期望一个办法出来以后能够一劳永逸难度非常大，必须考虑多重博弈的问题。因此，改革举措不是看一步的问题，而是考虑政策出台后学生怎么应对，家长怎么应对。物理选课的问题也是如此。整个国家治理的思路要从应对问题，转变为多重博弈下的、多方面的前瞻性考虑（A4T2，2017）。

其次，部分问题需要在发展中看待与解决。访谈对象认为，新高考模式下师资队伍结构性缺编就是一个发展中的问题。传统高考中招生的文理比例、教师结构、教学组织以及设施配备等相对固定，新高考对此产生冲击，带来不适应，但随着改革的不断推进，这些方面会逐渐趋于合理和稳定。还有取消批次之后学生填报志愿的难度等问题，学生和学校都需要一个适应的过程。

有人担心这个方案影响物理化学的选课，我觉得这个担忧不存在。经过这两届录取，老百姓会自己想一想，还是要选择的。理科突出的学生不会轻易放弃物理化学，我们学校对物理和化学学科是很重视的（浙江 M1T1，2017）。

学生有一个适应的过程，学校也有一个适应的过程。尽量体会制度的好处，从长远来说，从学生素养培育的角度来说，相信高考会带来正面的东西，真正因材施教，人尽其才（上海 M6 校长，2017）。

今年取消批次后让考生在填报志愿时失去了以往惯用的分数参考，增加了志愿数据分析的难度，但经过一两年后这个问题将不存在（浙江 U5 招生负责人，2017）。

再次，改革是不断完善的过程，访谈对象认为应该客观看待反对的声音。社会大众从理解到接受改革都需要一个过程，在改革的过程中出现不同的声音也很正常，关键是坚持高考改革公平、科学选才的初衷，这样改革最终也会得到公众的认可与肯定。但是改革中反对的声音，哪怕只占很小的比重，也可能会引起改革的走向发生变化。

> 当然，任何的改革不可能是十全十美的，改革的过程也是一个不断完善的过程。人们从理解到接受改革也需要一个过程。所以，在改革的过程中出现一些不同的声音也很正常。只要我们在改革的过程中始终坚持以人为本，公平、科学选才的原则，不断地完善各项制度，改革终能得到大家的认可和肯定（浙江U4招生负责人，2017）。
>
> 要及时认真地考虑，无论大问题还是小问题都不能简单地放过。高考关注度太高，分化很大。博弈是因为利益相关度不一样。同一个类型的问题就是面对不同的诉求，他们的认同是“二八效应”，会让你翻盘，可能只是代表10%的人的利益会让60%的人跟从（A1T2，2017）。

最后，高考改革的过程中允许对政策进行微调。改革的示范意义在于为全国高考改革提供经验借鉴，避免可能出现的问题。因此高考改革的过程中应该允许对高考改革政策进行微调。同时，考试理论本身的学术研究也在发生变化，这也是我们在研究高考改革问题时需要考虑的。

> 在认真总结上海、浙江试点经验的基础上，进一步做好两省两市的试点。对浙江和上海遇到的问题加以总结，对上海、浙江深化改革政策进行微调。允许微调，不微调的话还是要走这么一条路（A4T1，2017）。
>
> 我们面对一连串的考试理论，我们认为都不能改变的都发生了很大的变革，现在所有的学科不同分值的比率一定是平等的已经在世界上不存在了，但我们依然以为是不能动的。我们

对考试理论，要根据世界上发生的变化进行调整，我们现在用的是老的考试理论（A4T2，2017）。

总之，总结高考综合改革试点经验，允许合理、动态的政策调整。不忘高考改革初心，坚持国家统一的考试制度不动摇，充分肯定我国新高考改革的总体方向，肯定高考综合改革试点省份在以人为本、科学选才、促进公平方面的成就。认真总结上海、浙江高考综合改革试点实践经验，为第二、第三批改革省份以及在更大范围内推进新高考改革提供借鉴；理性分析改革中出现的问题与质疑，对此进行系统的研究、科学的归因与理性的反思；允许在上海、浙江以及两省两市高考综合改革过程中进行政策微调。推广经验、避免问题、适时微调，这是高考政策设计与实施科学性的重要体现，也是高考综合改革试点工作的价值与意义所在。

三　多元参与　协同治理

教育治理中的多元参与是调和各利益相关者多元利益诉求的途径。新一轮高考改革在吸纳各利益相关群体广泛参与方面做了一些实践探索，包括行政管理层的高度重视和不同部门之间统筹协调，利益相关者包括家长和媒体的参与等，都是高考改革的重要经验，可以为其他省份提供借鉴。同时，需要进一步扩大参与群体，尤其是在改革中倾听一线教育工作者和学生群体的意见，吸纳他们的建议；进一步拓展各利益相关群体参与的途径，增加其实质参与。当然，协调多元利益诉求，最终需要国家发挥治理体系中的宏观调控作用。

（一）多元参与

首先，多元参与是各利益相关者表达各自利益诉求的途径。公共选择理论的创始人詹姆斯·布坎南认为，“个人在政治生活中联合在一起是为了实现他们各自的利益，就像他们在市场中结合在一起一样；在政治中通过协议（契约）来增进他们自己的福利，就如在市场中通过交易增加他们的利益一样”①。总之，无论是在政治生活还是市场活动中，人们的行动动机都是为了追求自我利益，从而致力于通过集体决策实现相互利益。决策过程中的多元参与，是保证各利益相关群体能够表达各自利益诉求，在集体决策中实现与权衡相互利益的重要途径。学生、中学教师和高校招生部门是高考改革最直接的利益相关者，他们的利益诉求在改革中应该引起足够的重视。

其次，多元参与是对利益相关者的最基本的尊重。米勒认为，“潜伏在我们对程序的公平的关切背后的是对人的尊重，这一认识能够通过考虑程序在支持平等的公民身份的作用而得到加强”②。访谈过程中，尤其是中学教师对当前这种自上而下的改革非常不满，经常用愤激的言语表达评价方案制定中的专家和领导意志。如果在改革过程中，充分倾听了他们的声音，让他们参与高考改革政策的制定过程，他们作为高考改革政策最基层的执行者受到了足够的尊重，也会有利于改革过程顺利进行。正如米勒所说，“他们也许并不喜欢所产生的结果，但他们能够设身处地地去考虑实施规则的人的处境，并且明白在这种特定的情形中，他们也会作出一个不妥协的决定”③。尤其是面对有争议的问题，比如考试时间的调整，浙江省在改革中充分听取老师和学生的意见，并且多次将老师和学生选择时间上的冲突与教育政策制定者的困扰公之于众，这无疑也能够争取更大程度的共识。

再次，多元参与是社会义务本身的自我实现。按照罗尔斯的正义原则，地位开放的原则不允许有任何限制，否则那些被排除在外的人就会认为自己受到了不公正的待遇，即便他们能够从其他人的

---

① 周小虎、张蕊：《教育政策分析的范式特征及其研究路径》，《教育理论与实践》2010 年第 10 期，第 15 ~ 18 页。

② 〔英〕戴维·米勒：《社会正义原则》，应奇译，江苏人民出版社，2001，第 112 页。

③ 〔英〕戴维·米勒：《社会正义原则》，应奇译，江苏人民出版社，2001，第 111 页。

努力中获益。“不仅是因为他们得不到职位的某些奖赏例如财富和特权，而且是因为他们被禁止体现因热情机敏地履行某些社会义务而产生的自我实现感。他们被剥夺了人类的一种基本善。”[①] 高考改革中利益相关群体的多元参与既可以满足其自身的利益诉求，也是参与社会义务本身的一种自我价值实现，是人类社会的一种基本善。

最后，多元参与是保证程序正义的前提，有利于改革的持久性。米勒认为程序正义的标准是平等、准确、公开和尊严，即保证利益相关者拥有平等的权利，让决策者准确地了解利益相关者的信息，对程序的规则和程序进行公开，以及照顾到利益相关者个体的尊严。“只要作出决策的权力集中在一个人或少数人手中，要求作出的决策满足这些标准是不太可能的。”[②] 而在各利益相关者共同参与下做出决定的时候，能尽可能地实现程序公平。比如对选科问题的限制，从中学的角度来讲只要高校限制选科就能够解决这个问题，而从高校的角度来讲有因生源质量下降受到各方压力的限制，从教育政策制定者的角度来说更应该着力于去改进赋分方式的科学性。总之，对高校选科的限定只能在充分尊重高校招生自主权的前提下给予引导，不能硬性规定。

总之，强调利益相关者的参与，是因为这既是对利益相关者个体的尊重和利益诉求表达的合理途径，也是社会义务本身的自我实现，是人类社会基本的善，最根本上来说，我们寄希望于利益相关者的多元参与，以程序上的正义保证结果的正义，即便不能实现结果的公平，也因为程序公平而能取得更多的共识。浙沪两地新高考试点注重多元参与，相对来说学生和家长对高考改革的方向和措施比较清楚，可以说，这种高透明度的多方参与对高考改革有效实施起到了积极的作用。

---

① 〔美〕约翰·罗尔斯：《正义论》，何怀宏等译，中国社会科学出版社，1988，第 85 页。
② 〔英〕戴维·米勒：《社会正义原则》，应奇译，江苏人民出版社，2001，第 17 页。

不仅仅是考试，教育问题也是一种文化，有时候是社会和政治问题。我觉得，要长期实行下去，必须考虑可持续性的问题。各省市要允许发表不同意见，这是以前所没有的改革实践，要经得起不同意见的批评，符合主流民意的改革才有长远生命力。要让改革符合教育规律、考试规律，符合大多数人的期望，否则就是走回头路（A4T5，2017）。

（二）协同治理

第一，发挥国家在社会治理体系中的主导作用。罗尔斯提出了“无知之幕”和“原初状态”的基本概念，认为在“原初状态”之中由理性的人选出某些正义原则，可以保证其中的基本契约是公平的，继而也是正义的。[①] 也就是说，在理想型的纯粹状态下，理性的决策者遵循一定的原则进行资源的分配，那么分配就是合理的、公平的，但问题是我们如何证明采取某些原则在给定的契约状态下是合理的。高考公平性问题，应该遵循什么原则进行教育资源的分配，就是当下社会普遍公认的合理原则呢？在这方面，社群主义强调国家职能的重要性。国家必须保证正当而有效的政治参与，提供免费而有用的政治信息，维持公民必备的文化条件[②]，使公民有能力理解参与政治对话的重要性，在自身管理权限和各利益团体的权限之间划定界限，以确保公平公正。高考改革过程中，必须保障国家及其教育行政部门发挥主导作用，才能在权衡各种利益诉求的基础上，保证基本社会正义的实现。

我提出一个利他和利我的问题，不能用道德判断代替对公平的合理性的判断。不能因为一件事情是利他的，就认为是不

---

① 〔美〕约翰·罗尔斯：《正义论》，何怀宏等译，中国社会科学出版社，1988，第17页。

② 仲兵：《社群主义与自由主义国家观的理论分殊及其哲学根源》，《常熟理工学院学报》2009年第11期，第21～23页。

> 公平的，应该加强引导。在区域公平的问题上也是如此，地区差异是一定存在的，怎么能够合理存在是我们需要解决的问题（山东 M1 校长，2017）。

第二，构建利益相关者多元参与的新型教育治理体系。我国学者提出，要将“利益相关者”政策框架贯穿教育改革全过程，由政府、学校、教师、学生和社会等利益相关者共同参与治理过程，建立新型合作关系。① 新高考改革应该在转变政府职能，吸纳利益相关者多元参与、协同治理，以及赋予学生、教师、中学校长等教育话语权，扩大高校招生自主权等方面都有积极的探索和尝试。新高考是一项全局性的系统改革，构建新型治理体系需要全社会的支持与关注：需要各级教育部门，还包括财政、人事、信息、安全甚至交通等部门的全力配合，有的需要国家统筹，有的在地方层面就可以解决；需要社会企业、科研院所、高等院校的全力支持，为学生提供更多的科研基地、实践基地；需要媒体发挥正向引导作用，为新高考改革创设良好的舆论环境，教育部门也要加强新高考政策的宣传与解读，增强对新高考改革的共识；吸纳高校、中学、学生、家长、媒体等多方利益主体参与改革中，为改革献计献策，共同促进高考改革顺利进行。

第三，减少对直觉判断的依赖，引导理性社会舆论。罗尔斯批判“直觉主义”公平观，它们是由一些可能相互冲突的最初原则构成的，这种公平观依靠直觉衡量，不可能给出任何建设性的解答。② 从利益相关者的视角看待高考公平问题，也容易陷入直觉主义的冲突，陷入相对主义的泥沼之中。访谈对象常说，公平这个问题说不清楚，怎么做才是公平的是没有答案的，这就是一种直觉主义的观

① 周海涛、景安磊：《新高考改革助推教育升级》，《教育研究》2015 年第 8 期，第91 ~ 97 页。

② 〔美〕约翰·罗尔斯：《正义论》，何怀宏等译，中国社会科学出版社，1988，第 33 页。

点。也就是说普通大众更多是凭一种直觉主义的观点判断制度公平与否，权衡利益得失。因此，在讨论高考公平问题时，我们对高考制度公平与否的判断首先依赖直觉，从利益相关者的视角评价高考制度的公平性也是首先依赖于利益相关者的直觉，但是高考改革作为一种公共政策，最终做出抉择时应该尽量减少对直觉判断的依赖，确定一种相对一致的判断。

对普通民众和社会舆论而言，要增强对社会政策的理解力。社会政策的走势及其价值选择和利益诉求是非常复杂的，体现了决策者对社会发展趋势和总体福利状况的判断，不能仅从某一群体的利益和立场出发来评判高考改革，要从多元利益主体平衡的角度，从历史发展进程中，立足于国家的整体利益去理解当前正在进行的高考制度改革。这对普通民众来讲是非常困难的，这就需要政策研究者进行科学的政策解读，理性引导社会舆论。

综上所述，新一轮高考改革政策调整需要正视高考公平性问题的复杂性、多方利益群体利益诉求的多元性以及高考改革本身的科学性。高考作为一种人才选拔制度承受了过多的社会功能和社会期望，而公平多元的属性容易使高考公平问题陷入相对论的泥沼，高考改革成为多方利益博弈的战场。高考改革面临科学性与公平性价值选择的两难，中学校长和教师等一线教育工作者在政策制定中相对缺席，高考改革及其制度设计都有待于加强科学论证。从利益相关者视域融合的角度来看，新高考需要加强教考联动、中学和高校的衔接、保持改革政策的持续性，并从动态发展的过程中看待高考改革的成败。当务之急是要调整考试时间、考试次数、学考与选考分离等考试安排，调整选考科目的等级赋分制，加强高考改革决策的科学性，以严谨的程序保证结果的公平。最后，构建国家主导、多元参与的协同治理体系，拓展利益相关者参与途径，增加他们的实质参与，减少民众对直觉判断的依赖，这是实现高考公平的重要途径。

参考文献

中文文献

〔美〕阿拉斯戴尔·麦金太尔：《谁之正义？何种合理性?》，万俊人等译，当代中国出版社，1996。

边新灿、陈蓉：《全国30个省新一轮高考改革方案比较》，《中国考试》2017年第3期。

边新灿：《关于教考分离——也谈考试与教学的关系》，《中国考试》（高考版）1996年第1期。

边新灿：《甄选入学、自主招生和“三位一体”多元选拔模式比较研究》，《浙江师范大学学报》（社会科学版）2015年第2期。

曹晶：《利益相关者视角下的“异地高考”政策执行研究》，《教育理论与实践》2016年第11期。

陈·巴特尔、李双龙：《教育公平与程序正义——高考招生“专项计划”政策的两难选择》，《现代教育论丛》2017年第1期。

陈宏辉、贾生华：《企业利益相关者三维分类的实证分析》，《经济研究》2004年第4期。

陈向明：《质的研究方法与社会科学研究》，教育科学出版社，2000。

程龙衣、魏永莉：《语言编码理论能够解释当代中国教育问题吗》，《上海教育科研》2011年第1期。

褚宏启、杨海燕：《教育公平的原则及其政策含义》，《教育研究》2008 年第 1 期。

〔英〕戴维·米勒：《社会正义原则》，应奇译，江苏人民出版社，2001。

丁念金：《论高考正义——我国高考改革的核心》，《全球教育展望》2014 年第 7 期。

董秀华、王薇、王洁：《新高考改革的理想目标与现实挑战》，《复旦教育论坛》2017 年第 3 期。

冯成火：《浙江省“三位一体”招生模式改革的思考和探索》，《教育研究》2014 年第 10 期。

冯虹、杨玉茗、田添：《计划分配方式改进对考试招生机会公平的意义》，《天津师范大学学报》（基础教育版）2015 年第 2 期。

〔英〕弗里德利希·冯·哈耶克：《自由秩序原理》下册，邓正来译，三联书店，1997。

高原：《论公共参与教育治理的公益性危机——利益分析框架的构建与利益问题的反思》，《现代教育管理》2015 年第 8 期。

高岳涵：《少数民族高考加分政策效果调查研究》，《广西民族大学学报》（哲学社会科学版）2014 年第 3 期。

郭斌：《“公平导向”引发“不公平的质疑”——基于高考生源调控相关政策的分析》，《教学与管理》2017 年第 9 期。

何霜梅：《正义与社群：社群主义对以罗尔斯为首的新自由主义的批判》，人民出版社，2009。

〔美〕赫伯特·J. 鲁宾、〔美〕艾琳·S. 鲁宾：《质性访谈方法：聆听与提问的艺术》，卢晖临等译，重庆大学出版社，2010。

贾春增：《外国社会学史》，中国人民大学出版社，2000。

贾彦彬、孟鹏涛：《国家招生考试制度改革视域下地方本科高校的应对策略》，《长春理工大学学报》（社会科学版）2018 年第 5 期。

姜钢：《〈实施意见〉：我国新一轮高考改革的纲领性文件》，《中国考试》2017 年第 2 期。

金晓明：《高考改革：从形式公平走向实质公平——推进新高考改革的思考与建议》，《浙江工业大学学报》（社会科学版）2015 年第 4 期。

〔美〕凯瑟琳·马歇尔、〔美〕格雷琴·B. 罗斯曼：《设计质性研究：有效研究计划的全程指导》，何江穗译，重庆大学出版社，2015。

李春玲：《高等教育扩张与教育机会不平等——高校扩招的平等化效应考查》，《社会学研究》2010 年第 3 期。

李静：《浙江省新高考科目改革的影响及其因应》，《教育与考试》2017 年第 2 期。

李峻：《高考政策：从“国家主义”到“利益相关者”——基于新制度主义的演变路径》，《改革开放与中国高等教育——2008 年高等教育国际论坛论文汇编》，2008。

李峻：《我国高考政策变迁研究》，博士学位论文，华中科技大学，2009。

李峻、张应强：《我国高考政策变迁研究——基于“利益相关者理论”的分析》，《高等教育研究》2010 年第 7 期。

李立峰：《我国高校招生考试中的区域公平问题研究》，华中师范大学出版社，2016。

李木洲：《高考测试制度改革的历史反思——基于制度变迁的视角》，《国家教育行政学院学报》2014 年第 3 期。

李木洲：《高考改革的历史反思》，华中师范大学出版社，2016。

李木洲：《高考公平的元思考》，《国家教育行政学院学报》2012 年第 8 期。

李木洲、叶晓芳：《化解高校招生公平冲突的困境与出路》，《重庆高教研究》2017 年第 2 期。

李鑫：《实行综合素质评价有利于推进教育公平吗？——针对当前高考改革政策的研究分析》，《教育理论与实践》2017 年第 17 期。

凌浩、孙玉丽:《新高考后普通高中综合素质评价师生认可度分析——以宁波市为例》,《上海教育科研》2017 年第 6 期。

刘盾:《新高考改革之现实审思与理论分析——以考试科目、次数及赋分方式为重点》,《复旦教育论坛》2017 年第 3 期。

刘海峰:《贯彻意见精神推进新一轮高考改革》,《中国高等教育》2014 年第 21 期。

刘惠:《我国“异地高考”问题的利益相关者分析》,《上海教育科研》2014 年第 9 期。

刘精明:《能力与出身:高等教育入学机会分配的机制分析》,《中国社会科学》2014 年第 8 期。

刘云杉:《超越贤能主义》,《教育研究与实验》2009 年第 2 期。

〔美〕鲁思·本尼迪克特:《菊与刀》,吕万和等译,商务印书馆,1990。

〔美〕罗伯特·诺奇克:《无政府、国家和乌托邦》,姚大志译,中国社会科学出版社,2008。

罗立祝:《高校招生考试政策研究》,华中师范大学出版社,2016。

莫琳·T. 哈里楠主编《教育社会学手册》,傅松涛等译,华东师范大学出版社,2004。

秦春华、林莉:《高考改革与综合素质评价》,《中国大学教学》2015 年第 7 期。

秦一鸣:《教育公平视野下国家扶贫定向招生专项计划政策初探》,《学园》2015 年第 22 期。

申素平、王俊:《美国公立高校积极差别待遇录取政策反思》,《教育研究》2017 年第 9 期。

唐汉琦:《重点高校面向贫困地区定向招生专项计划的政策反思》,《考试研究》2015 年第 2 期。

陶百强:《对我国新高考方案高中学业水平考试的思考与政策建

议——浙江、上海2014年高考改革学业水平考试方案商榷》，《中国考试》2015年第8期。

王国华、裴学进：《地方高校“三位一体”招生制度及其完善策略——基于浙江省探索的分析》，《黑龙江高教研究》2013年第3期。

王浩建：《兼顾效率与公平的高考招生名额分配模型研究》，硕士学位论文，北京师范大学，2013。

王后雄、李佳、李木洲：《高考公平的内涵及属性》，《中国教育学刊》2012年第5期。

王后雄、王世存：《不同利益群体对高考制度公平性认同度的调查与分析》，《教育测量与评价》（理论版）2011年第9期。

王金娜：《高考统考科目的“文科偏向”与隐性教育不公平——基于场域-文化资本的视角》，《教育发展研究》2016年第20期。

王俊武：《考试公平内涵、现状及对策探究》，《中国考试》2011年第5期。

王小虎、桑明旭：《论当代高考改革的正义性问题》，《中国高等教育》2017年第8期。

王新凤：《观点、数量、方法——恢复高考40年来高考政策公平性研究述评》，《考试研究》2018年第1期。

王新凤：《浅窥当前我国高等教育入学机会的阶层差异》，硕士学位论文，北京师范大学，2004。

王新凤、钟秉林：《新高考背景下高校招生与人才培养的成效、困境及应对》，《中国高教研究》2019年第5期。

文东茅、刘玉波：《高考改革何以“牵一发而动全身”》，《中国高等教育》2014年第24期。

吴德平：《社会流动视角下的高考录取公平问题初探》，《中国考试》2012年第1期。

吴忠民：《关于公正、公平、平等的差异之辨析》，《中共中央党校学报》2003年第4期。

熊德明：《新课程·新高考·新希望——五省区高考新方案述评》，《湖北招生考试》2007年第4期。

徐倩倩：《高校“三位一体”招生利益相关者共同治理模式探析》，《文教资料》2016年第13期。

杨学为编《高考文献（下）（1977—1999）》，高等教育出版社，2003。

杨智丽：《从教育公平的视角探析异地高考政策》，《基础教育研究》2015年第1期。

洋龙：《平等与公平、正义、公正之比较》，《文史哲》2004年第4期。

应朝帅：《招生公平新探索：促进招生关系主体间的公平——浙江高考改革方案评析》，《中国高教研究》2016年第5期。

渝文、徐万佳：《莫让“素质测评”损害了高考公平》，《教育与职业》2012年第22期。

俞可平：《社群主义》，中国社会科学出版社，1998。

〔美〕约翰·罗尔斯：《正义论》，何怀宏等译，中国社会科学出版社，1988。

张海生：《高考分省命题的问题及其对策研究——以教育公平为视角》，《巢湖学院学报》2014年第4期。

张和生、余军民：《高考公平问题的社会归因探析及对策研究》，《教育测量与评价》（理论版）2010年第12期。

张和生、余军民、郑岱：《高考公平指数的建构与测评——以湖南省为例》，《北京大学教育评论》2013年第1期。

张小萍、张良：《中国高校“支援中西部地区招生协作计划”实施成效分析》，《清华大学教育研究》2015年第3期。

张亚南：《即将迈出的一步—谈新高考》，《中学地理教学参考》

1991 年第 Z1 期。

章建石：《一项公平与效率兼备的高考改革为什么难以为继？——标准分制度的变迁及其折射的治理困境》，《北京师范大学学报》（社会科学版）2016 年第 1 期。

赵海飞：《对公平推进我国高考改革的几点思考》，《教育现代化》2015 年第 12 期。

赵新亮：《利益相关者视角下高考加分政策研究》，博士学位论文，华东师范大学，2011。

郑若玲：《高考改革困境与突破：苦旅何以得纾解》，江苏教育出版社，2011。

郑若玲、郭振伟：《异地高考政策的公平诉求与困境：以上海市为例》，《全球教育展望》2016 年第 10 期。

钟秉林：《科学认识招生计划管理正确看待区域教育公平》，《中国教育报》2017 年 5 月 11 日，第 3 版。

钟秉林、王新凤：《我国高考改革的价值取向变迁与理性选择——基于 40 年高考招生政策文本分析的视角》，《教育研究》2017 年第 10 期。

仲兵：《社群主义与自由主义国家观的理论分殊及其哲学根源》，《常熟理工学院学报》2009 年第 11 期。

周海涛、景安磊：《新高考改革助推教育升级》，《教育研究》2015 年第 8 期。

周小虎、张蕊：《教育政策分析的范式特征及其研究路径》，《教育理论与实践》2010 年第 10 期。

朱永坤：《利益相关者缺席——影响教育政策程序公平的重要因素》，《教育科学研究》2010 年第 8 期。

朱志勇：《学位（研究）论文开题报告的格式与学位论文的格式》，2015（未发表）。

英文文献

Adrian E. Raftery and Michael Hout, " Maximally Maintained Inequality: Expansion, Reform, and Opportunity in Irish Education, 1921 – 75", *Sociology of Education*, Vol. 66, No. 1, 1991.

Alexander W. Astin and Leticia Oseguera, "The Declining 'Equity' of American Higher Education ", *The Review of Higher Education*, Vol. 27, No. 4, 2004.

A. P. Carnevale & S. J. Rose, *Socio Economic Status*, *Race/Ethnicity and Selective College Admissions*, New York: The Century Foundation, 2003.

Benjamin Greene, "Verbal Abilities, Gender, and the Introductory Economics Course: A New Look at an Old Assumption", *The Journal of Economic Education*, Vol. 28, No. 1, 1997.

Deng Zhong and Donald J. Treiman, " The Impact of Cultural Revolution on Trends in Educational Attainment in the Peoples Republic of China", *American Journal of Sociology*, Vol. 103, No. 2, 1997.

Hongzhi Zhang, Philip Wing Chan and Christopher Boyle, *Equality in Education*: *Fairness and Inclusion*, Sense Publishers, 2014.

J. C. Kaufman, "Using Creativity to Reduce Ethnic Bias in College Admissions", *Review of General Psychology*, Vol. 14, No. 3, 2010.

Louise Archer & Merryn Hutchings, "Working-Class Non-participants in HE", *British Journal of sociology of Education*, Vol. 21, No. 4, 2000.

Richard James, " Social Equity in a Mass, Globalised Higher Education Environment: The Unresolved Issue of Widening Access to University", Faculty of Education Dean's Lecture Series, 2007.

Ruth Axman, " Childs: Gender Bias and Fairness, Practical Assessment", *Research & Evaluation*, No. 3, 1990.

Sally Power, "Educational Pathways into the Middle Class", B*ritish*

Journal of Sociology of Education, Vol. 21, No. 2, 2000.

Samuel R. Lucas, "Effectively Maintained Inequality: Education Transitions, Track Mobility, and Social Background Effects", *American Journal of Sociology*, Vol. 106, No. 6, 2001.

Stephen J. Ball, "Social Class and Cognitive Structure of Choice of HE", *British Journal of Sociology of Education*, Vol. 23, No. 1, 2002.

后　记

我与高考

一

我出生在鲁中山区的一个小村子里，是村里的第一个大学生。初中毕业，我和我的同学没有一个考上高中的，只有一个学习特别刻苦的女生考上了中专，我至今都记得她清秀、专心的样子。我在老师的帮助下，回到初中复读了一年，最后以高出分数线 10 分的成绩进入一所县重点中学读书。现在，这所中学伴随着城镇化和学校合并，连同我的初中、小学，都已经不存在了。

高中三年，除了每天早上晨跑和傍晚沿着门口的老龙湾散步，以及月末回一次家，我以几乎全部时间和精力来学习。因为基础差，学习成绩开始并不好，但凭着持之以恒的专注以及外语、语文优秀的优势，我的成绩进入班级前列。我的班主任老师对学生的情绪体察入微，“高考一季，麦收年年”，他在黑板边写下这句话，安慰着急回家帮父母收麦子的孩子们。那一年的高考，我们班取得了全校文科班的最好成绩，我的成绩高出一本线 26 分。

报考志愿的环节，现在想来是最可笑的，我们几乎所有的人都不知道那些大学、专业意味着什么。我因为中文成绩好，前三志愿无一例外选的都是新闻专业。但多少有些好高骛远了，我并没有被第一志愿录取，然后被调剂到曲阜师范大学的教育管理专业。我们不知道教育管理是干什么的，有同学还以为毕业后可以当校长。全班 49 名学生几乎全部是高分调剂过来的，包括 748 分的周同学。记得当时，董书记语重心长地告诉我们，我们都是她捡来的，否则很可能会名落孙山。现在实施平行志愿，也是实现一种公平吧。

不甘心，是很多同学的共同心声，在这所被称为考研基地的大学里，我开始准备考研究生。学校地处小城，周围除了村庄就是庄稼地，依然记得当时站在麦田埂上眺望夕阳西下的感觉，不知未来在何方。考研，比高考还是容易一些。当年报考北京师范大学的 6 个同学全部被录取，我也如愿进入这所全国最好的师范大学教育系学习。那时候，同学之间的差异并没有现在这么显著，而且本校应届读研的学生与我们是分开住的，只是觉得他们信息更灵通一些，更知道自己下一步的路在哪里。

二

读研期间，我感慨的是，为什么在教育这条实现社会阶层流动的阶梯上，我的同辈群体越来越少。我坐在全国最好的师范大学的教室里思考帕森斯与布尔迪厄的时候，给我讲过无数个故事的小学同桌早就开着拖拉机开始田间劳作了，我的多数高中同学娶妻生子，过着安稳的日子，身边跟我一样家庭背景的同学越来越少。

教育社会学专业充分满足了我对这个问题的好奇心。在功能论与冲突论的社会学理论中，我毫不犹豫地接受了冲突论，尤其是布尔迪厄的社会再生产理论。在导师刘慧珍老师的指导下，我以高等教育入学机会的阶层差异为题开始了硕士学位论文的研究，以四所不同级别的师范院校为例，看其中来自不同家庭背景的学生的分布及教育机会选择。现在想来，样本的数量有限，但研究结论却被后来无数的大规模数据证实：1998 年高校扩招后，高等教育入学机会增加了，但是社会处境不利的学生却没有因此而受益，重点大学中的农村学生比例在下降。后来，看到此类观点，以及国家政策中将重点大学的招生名额向中西部贫困地区倾斜、向农村倾斜，我都觉得这是一个亲切的话题。

三

硕士毕业之后，我不再将教育公平作为研究主题。在一所北京的事业单位里，我所从事的政策研究为教育行政部门服务，而公平不是当时的主题。在工作的 11 年间，我在这个城市中安家，从一无所有到成为这个城市的居民，有房、有车、有孩子。我感激高考，因为确实让我们这些出身贫寒的孩子实现了阶层向上流动。当然，我并不认为在这个城市中生活就高人一等，我也不认为我比我的同学们更幸福，反而是那些高中或者本科毕业就回到地级城市生活的同学幸福指数更高。

意识到我的身份的转变，是孩子小学入学时。某天我们在讨论异地高考政策时，我突然意识到我成为北京孩子的家长。如果不能享受这个城市优质的教育资源，我们为之奋斗的意义又何在呢？我的同学，硕士毕业后去外地工作两年，再返回的时候，就为孩子入学发愁了。每次她都会问我，什么时候能放开异地高考？言辞之中颇多对生活，对政策，连同对我——作为一个教育政策研究者——的抱怨，而我对此无能为力。

四

2015 年，我辞职进入北师大攻读高等教育专业的博士学位。社会身份也由一个教育政策研究者变成一个全日制的学生。导师钟秉林教授领衔的科研团队正在承担一项教育部哲学社会科学研究重大课题攻关项目——“高考改革试点方案跟踪与评估研究”，追踪上海、浙江高考综合改革试点工作。我也开始从高考招生制度设计的角度关注高等教育入学机会公平问题。

我首先关注到，针对我硕士学位论文关注的议题——重点大学入学机会的阶层差异、城乡差异、区域差异问题，国家出台了相应的政策，致力于增加重点大学农村学生的人数、致力于缩小区域间录取率差异。但是这些致力于公平的政策也引起了公平的争议。

同时，我也意识到教育系统内部的不同声音。在有教育行政部门和学者参加的高考改革会议上，我发现政策制定者内部对高考改革的具体措施也有不同意见。有的学者认为高考综合改革的问题比成效多，有的学者认为高考改革的方向符合世界教育发展的趋势，必须毫不动摇地坚持。一份招生数据呈现的可能是多方利益诉求，矛盾的、冲突的，历史的、现实的，国家的、地方的，各种抗争与突围。

那么，政策最终是怎么协调的？哪些人能够发声？哪些人缺席？哪些人的声音永远听不到？学生希望获得个人的发展，家长希望实现阶层的向上流动，中学希望有更好的高考成绩，高校希望招到优质的生源，国家希望选拔人才实现精英治国……这些不同的利益诉求在有限的高等教育资源面前，能够调和吗？新的高考制度设计怎么调和这些需求？以及实现程度如何？寻找这些问题的答案，就是我要做这项研究的目的。

五

与高考有关的经历，成为我研究设计的“前见”。首先，我个人的经历使我对教育公平问题保持着持久的兴趣，一来这能够让我更多倾听社会处境不利群体的声音，二来我可以反观教育制度设计在哪些方面造成了个体发展的障碍，哪些障碍能够在改革的背景下有所消除。其次，由山东考生到京籍学生家长身份的转变，让我对高考招生的区域差异问题具有矛盾的观点和态度。再次，从政策研究者功能论和工具主义的研究态度，到当前与社会保持适度距离的学生身份，让我在回答每个问题时面临两难选择。

这些矛盾的社会身份和角色，在很大程度上呈现在了我的研究设计之中：我依然坚持选择教育公平问题作为自己的选题，说明这是我长久以来的直觉上的兴趣，不忘初心；我选择质性研究的研究方式，是因为我认为在个体的思想、观念、价值判断、行为选择背后存在某种结构性的因素，这些思考可以为我的研究提供灵感，帮我突围；我依然关注政策实施的效果，希望能够提出一些策略性的意见，这是我过去十几年作为政策研究者的身份使然。总之，作为研究者，我的身份是矛盾的集合体。研究的过程，就是不断怀疑、不断纠结、不断否定，又不断前行的过程。这个过程充满煎熬。

我的研究过程

一

将质性研究作为研究方法是一个冒险的选择，在量化研究方法为主导的时代，质性研究常会受到质疑。但我依然坚持选择质性研究方法，原因有如下三个方面。

一是对量化研究的不确信。或者说是对量化研究在揭示这个世界规律性的同时，忽略掉主观性和情境性的因素感到不甘心。尤其是高考公平这样的复杂而主观的问题，公说公有理，婆说婆有理，我想知道他们各自的理在何处，为何在政策中难以调和。研究过程中我也设计并发放了调查问卷，每次问卷收上来之后对 A、B、C、D、E 选项中的任何一项的选择结果，都觉得不过瘾，我更喜欢阅读后面的主观题目。我不知道回答者是谁，他为什么这么说，但他字里行间有态度。

二是质性研究更合我胃口。我擅长形象思维，更容易体察到个体主观的感受与情绪，喜欢用文学性的语言描述对生活的态度，也一直用日记这种方式记录和叙述生活。在整理访谈资料、整理备忘录的过程中进行反思，我觉得很愉悦。这是适合我的叙述方式，也是我在漫长的博士论文写作中并不觉得枯燥的重要原因。我常常一个人噼里啪啦敲击键盘，这种文思泉涌的感觉，与我在写日记时的畅快淋漓是一样的。

三是为验证质性研究方法学习效果。有学者说西方学术社会是“精致的平庸”，对此我并不认可。质性研究精致化的过程是为了有一套可以进行学术研究与交流的研究范式，精致化是我们必须经历的过程。为了寻求这种精致化，我选择了北师大教育学部朱志勇老师的质性研究方法课，随着课堂开展进行质性研究的训练。我阅读质性研究的著作，照猫画虎地进行研究方法论的写作和开展研究，甚至在读怀特的《街角社会》时萌生了写这样一篇后记的想法。我自己也陶醉于此，论文主题写作理屈词穷时，就会转向这一部分内容的写作，让我有畅快输出的幸福感。

二

质性研究的开展并没有想象中那么容易，初步试水的过程，屡屡“触礁”。我先从高中任教的同学L老师开始访谈。他非常支持我的研究，也坦诚相见，跟我说了他的很多观点。但我对他的访谈资料进行整理之后，我感觉并没有获得与研究主题特别贴切的内容。我进一步联系了在高中任职的同学L校长，他向我推荐了M校长，说M校长有自己的观点和看法。加微信后，M校长的电话就打进来了，主动说可以让我录音。但当时我手忙脚乱，没有录音设备，结果只是他说，我记录；他表达自己的观点，我点头称是。挂了电话，我出了一身汗。我一直对这次访谈耿耿于怀，觉得自己表现不好，也没有进行更深入的交流，可能是因为“校长”的权威，让我感到了紧张。

这种紧张延伸到了对与我一同上课的Z校长的访谈中。在微信这种虚拟空间的掩护下，我向Z校长发出邀约。他很热情，说随时都可以。第一次约好的时间是课后，但因为课间急着去参加高考改革的研讨会，我忘记了这次约谈。虽然Z校长并不介意，但我每次看到他都不好意思，后来还是他主动跟我约了时间。当时是在餐厅，还有另外两位浙江籍的同学一起，环境很嘈杂。可能因为接受过很多访谈，而且自己也是一位质性研究者，他对我笨拙的提问并不介怀，主动而有条理地表达了他的看法。另外两位同学在高校任教，对高考改革颇有见解，饭后我也分别约了她们跟我一起聊聊。

至此，我依然不明确自己的研究问题。我设计了访谈提纲，他们会或多或少地回应我的研究问题，但我常常觉得并没有触及问题的核心，有一种不过瘾和不确信。这种对自己的质疑在与Z老师的访谈中达到了顶点。Z老师在教育行政部门任职，主动表示愿意跟我聊聊，但谈话开始不到一分钟，他就对我的研究产生了严重的质疑，认为我压根不知道自己要研究什么，问题也幼稚可笑，完全可以在文献里找到答案，做访谈简直是浪费时间。“什么叫质性研究？这都是些口号、工具、概念！都是蒙人的，你不要听这东西，你一定要研究事实是什么问题。”全程我保持了礼貌与克制，但我完全不赞同他对我的研究方法的评价。但深思之后，我明确了两点：继续政策文献的梳理，明确新高考促进公平的举措；聚焦于对高考政策的评价，探讨这些公平举措的实现程度和障碍。所以，我还是尝试接受了他的观点，但依然相信质性研究可以帮我获得意义。

与C老师的访谈，让我第一次意识到了自己研究者的身份。在一次访谈中，我们俩发生了激烈的争执，我特别生气于他偏激的主观判断；他认为我早就已经有结论了，只不过是在寻找证据，还说“我是在和行政部门说话”。后来我在备忘录中对此进行了反思，而且悬置我的“偏见”，他对高考改革的公平性质疑也不无道理，只是他习惯性反问的语气激怒了我。后来我将访谈整理文件和我的备忘录一起发给他，并为我的态度向他道歉。他接受了我的歉意。后来在浙江和上海调研之后，我将自己的所见所闻与他分享，他也觉得自己有些看法太主观了，只是主观臆测。这次访谈让我清楚地看到了自己的价值涉入：我认为政策制定的初衷是好的，改革的方向无比正确，一切牺牲都是值得的。在之后的研究中，我一直对此事引以为戒，放下自我，向访谈者、向访谈资料“投降”。我感觉自己“上道”了。

如此这般，进行了14个深度访谈之后，我依然感觉自己的研究主题并不明确。直到我走进浙江、上海这块新高考改革的试验田，见到了第一批参加新高考的学生。他们是高考改革的直接参与者，他们的获得与失去、成功与失败都非常具有价值和意义，影响改革走向。

三

2017年8月底，全国高校招生录取工作结束后，我跟随导师钟秉林教授参加了对浙江、上海高考改革试点省份的调研。之后一个月的时间我都在对这些访谈资料进行录音文件的转录、文字的整理，并借助于质性分析工具进行编码。我每天沉浸在不同的声音里。大一新生的淡定从容、云淡风轻，还有回首来路的唏嘘；高三新生的自信与紧张，焦虑与忐忑；中学教师的理性克制；教育行政部门的领导经历新高考平安落地后得到片刻安宁的平静。这次调研及资料整理，使我的研究获得突破性进展。

一是形成基本判断。对同一个问题，可以倾听来自学生、中学老师和校长、高校招生负责人、教育行政部门的工作人员等不同的声音。在此基础上形成我对同一个问题的基本判断，原因是什么，哪些策略是可行的，不可行的原因是什么。

二是聚焦研究问题。将高考制度公平性问题聚焦于新高考改革的公平性，关注新高考改革致力于促进公平或者科学选才的举措，触碰现实后产生了什么新的公平性问题。比如高考科目选择是从解决文理分科的角度提出的，但在实施过程中，却因为不同科目之间等值和可比与否、实施等级赋分制等原因，产生了新的公平性问题：“学霸”给“学霸”当分母，薄弱学校的学生在新高考中提前出局。

三是构建论文结构。完成历史文献和高考改革方案两类实物资料的分析后，对访谈材料进行编码的过程中，我发现了我所站的位置：历史文献是说高考改革政策从何处而来，高考改革方案是说我们想往何处去，而实证资料告诉我的，则是此时此刻我们在何方。一个清晰的时间维度摆在了我的面前。同时，确定了高考政策公平性分析的维度，不必关注所有维度，也不需要对某个维度深入挖掘，而是关注新高考改革政策的实施效果。比如招生计划分配的公平性，不再纠缠于区域公平、城乡公平这样的难题，而是关注专项计划、招生协作计划落地后的反应。考试科目选择的公平性、等级赋分制的公平性、综合素质评价和综合评价招生的公平性等问题，在编码的过程中逐步变得清晰。

四是延伸研究问题。我的调查问卷和对政策制定者的访谈迟迟没有进行，是因为我还不知道应该了解哪些内容。在整理访谈资料的过程中，我所有来自个体经验、文献资料的“缄默的知识”被逐步唤醒，我知道了“7 选 3”“6 选 3”的真实意义；我知道了需要从政策制定者那里了解的信息，比如我会追问某项政策制定的初衷，并将其与现实维度的回答进行对话；我知道了调查问卷的哪些选项有待深化，而哪些问题形同虚设。这些都进一步推进了研究过程。像迷途知返的孩子，我知道了自己的方向。

四

质性研究就是反复地与实证资料进行交流与对话的过程。访谈、誊录、整理、分析资料的过程，是在跟访谈对象进行交流与互动。这个过程并没有想象中那么容易，我一度陷入怀疑、纠结，产生深深的孤独感。但我保持对原始资料完全“投降”的姿态，资料中有的内容，会在论文结构中呈现；如果没有的就舍弃掉。全部原始资料整理一遍之后，论文呈现了一个新的主体结构，这个过程持续了很久。

然后我开始进行文献的阅读，回应访谈中呈现的问题、维度和视角。我想知道，哪些是在别人的文献中已经关注到的，哪些与访谈对象的观点相同或不同，两种资料融合，会呈现什么结果。但文献阅读中遇到两个问题：新高考改革之前的文献关注的高考公平问题，在新高考改革中已经有所触及，政策环境发生了变化，观点也不再适用；现有的新高考研究文献多数是前瞻性的评价，也未必是事实本身。因此我想从研究文献中获得回应的努力，并没有产生太多实际的效果。

这时，我转而求助社会正义理论。每次与人交流，别人都会问我，“那你觉得公平应该是什么样的?”社会正义理论，就回答了这个问题。正义是公平的上位概念，具有正当性，在一个社会结构中可以对众说纷纭的公平性问题给予正当性的权衡。我的阅读从罗尔斯的《正义论》开始，它让我明白了公平与正义的关系以及“无知之幕”“原初状态”等概念。我从哈耶克、诺奇克的观点中发现，罗尔斯的正义论也不是那么无懈可击。尤其令人欣慰的是，我从社群主义那里找到了分析访谈资料的角度，包括新自由主义到社群主义理论演变逻辑性与中国社会现实发展逻辑性之间的关系，程序正义与结果正义之间的关系，品行、素质、能力与利益分配的关系，多元的、历史的、情境性的公平。尤其是发现，社群主义的落脚点是国家鼓励社群积极参与政治决策，就将我利益相关者多元参与下的协同治理的构想全部勾连在一起。

我每天沉浸在与这些人物和我的访谈资料的对话中，有时候会在半夜醒来，突然有了很清晰的脉络，辗转反侧到天亮，起床后就噼里啪啦一顿敲击键盘。那种感觉，喜悦，而富足。

五

最后是如何处理定量研究与质性研究的关系。质性研究背后的理论假设是建构主义的，强调情境中的意义、解释和理解；量化研究背后的理论假设是实证主义的，致力于寻求规律性与共性。二者在本体论上是冲突的，那么能否在质性研究中使用量化的数据，而又不改变质性研究的方法论倾向呢？这个问题一直困扰着我。国外研究者认为，质性研究可以使用数字，但与定量研究中数字的使用方式不同。[①] 罗伯特·帕特南的《我们的孩子》一书是以田野调查为基础的，但在文章中也运用了量化数据，并在后记中解释了使用数据的原因：验证样本的代表性。

因此，本研究在访谈的同时，也向访谈对象发放了《关于我国高考政策公平性评价的调查问卷》；之后为扩大样本的代表性，以微信推送的方式向浙江、上海、山东、北京等高考综合改革试点省份的教师及相关群体（包括高中教师、高校教师、教育行政管理者、教育科研人员）发放问卷，共回收有效问卷 932 份。本研究中引用部分量化分析的结果，只是为了印证新高考公平性评价的部分维度有多大程度的代表性，深入分析已另著文论述，本文不再呈现。

论文写作的过程，是重组的过程。唤醒沉睡多年的“缄默知识”，并运用它们审视自己的研究对象和资料，可用，欣喜若狂，事半功倍；无用，沮丧弃之，重新寻找。论文写作的过程，是学习的过程。用高考公平问题的故事线，牵扯出很多的知识点。对每个知识点深入越多，越觉得自己无知。一边走马观花，一边感叹时间太少。如果说读博是一场修行，那么博士学位论文的写作可以说使我获得了新生。

① 〔美〕凯瑟琳·马歇尔、〔美〕格雷琴·B. 罗斯曼：《设计质性研究：有效研究计划的全程指导》，何江穗译，重庆大学出版社，2015，第 264 页。

致　谢

感谢我的博士研究生导师钟秉林教授！读书三年，总觉得时间太快，因为非常留恋在他身边学习的日子。他日理万机，在办公室也是把自己埋在一堆文稿里，午餐常常只是一碗牛肉拉面；他思维严谨，工作效率极高，经手的文字都是字斟句酌、数易其稿，经手的事情都会落地有声。但他对学生却十分宽容，学生随时都可以推门而入，聊聊学习、聊聊生活；他对学生永远只是鼓励，从未有过一句批评，永远有求必应，为学生联系访谈、发放问卷、修改论文。我每每惭愧自己无以为报，他都会说，这是我的责任。读书三年里，他像一棵大树，挡住所有风雨，而我只需在树下读书、写作，静享一段安宁时光。

感谢我的硕士研究生导师刘慧珍老师！2001 年，我考入北京师范大学教育系教育社会学专业，面试时第一次见到她，她目光宁静、温暖。她把我领进学术的门，教我批判性地思考，更在以后 18 年的时间里，教我做人的道理。她像母亲一样，我们疲惫时，把我们护在翅膀底下，细语呢喃；我们想飞时，又拼着力气把我们引向天空，放飞到更远的地方。而她自己，总是远远地，在我们身后，一无所求。她说，师生是一辈子的缘分，但是这一生，总是我们欠她更多。

感谢北师大高教所的所有老师们！感谢周作宇老师，周老师课上的每一次追问与点拨，都让我反思与警醒；感谢洪成文老师，每次相见，洪老师都会亲切地喊我名字，问我学习进展；感谢姚云老师为我精心准备博士学位论文答辩，总是不敢忘入学时姚老师说的，好好干啊，证明你自己；感谢李奇老师在开题会上谦和而委婉地为我提出修改建议；感谢周海涛老师在论文开题和预答辩时都给予我精心的指导和中肯的建议；感谢杜瑞军老师、方芳老师为我调研出谋划策，提出论文修改意见……很担心自己不够努力，辜负了老师们的期望。

感谢论文数据采集和写作过程中给予我支持的所有老师、同学、朋友，还有经历过和正在经历新高考改革试点的老师和同学们！感谢虞立红老师分享给我的对高考改革的丰富经验与坦诚的建议；感谢唐盛昌老师，调研中他环环相扣、盘丝剥茧的访谈技巧让我陶醉；感谢浙江教育考试院边新灿副院长、教育部考试中心的章建石老师，他们笔耕不辍，常与我研讨高考研究的新作，给我启发；感谢南汇中学王海平校长热情相助，帮我发放问卷、为论文提供指导；感谢朱志勇老师在质性研究方法课上，给予我的质性研究方法论的启蒙。感谢我的老师、同学和朋友，孙玉超、张全民、杨春平、刘金明、谢莹莹、徐珠君、白丽波、李剑平、陈万良、郑志红、苑玉冰、葛长征、聂云、王艳华等协助我收集资料。感谢师妹安卓、师弟王占军在论文选题、写作中给予我的指点；感谢香港大学的刘钧燕博士不计其数地与我“约咖啡”，给予我研究方法的帮助；感谢中国人民大学的王俊博士、张秦瑜博士，他们以学术为业的情怀对我是一种召唤。

感谢我的同门！与赵应生老师的每次交流都是切肤的鞭策；姜朝晖总是以亲师兄的姿态为我披荆斩棘；洪煜说的“你是不是只是努力地很努力”让我反省自己；程接力的博学思辨，李志河老师百忙之中认认真真做论文的态度，姚文建对我论文选题的点拨，让我很是受益；艾忻、夏欢欢、陈霄的温婉与才情，常让我陶醉与感叹；黄凌梅一旦开启就停不下来的思维碰撞，让我有华山论剑的畅快；王佳明、李礼的陪伴、热情与温暖，让我放下拘谨与焦虑；永远也忘不了论文答辩时回眸的一刹那，师妹于国欢哭成了泪人儿；感谢南晓鹏、徐伟琴、段戒备、李媛对我论文细节的完善，在生活点滴中对我的照顾；感谢滕丽美老师赐予英文书名。同为老师的学生，我们有了亲人般的情分。

感谢我的博士同学们！他们是一批 1990 年前后出生的孩子，却教会我很多东西。史少杰一路同行，分享了博士成长过程中所有的纠结与苦闷、成长与喜悦。曹昭乐、梁显平，她们向着新事物出发的姿态，一直吸引着我，也教会了我很多新技能。刘益东、朱玉成，他们成果丰硕、著作等身，但常常谦虚地说“都是瞎写的”，然后一笑而过。

感谢曾经在北京教育科学研究院共事的领导和同事们。感谢吴岩司长、桑锦龙副院长、王晓燕所长、刘永武书记，感谢张炼、孙毅颖、王怀宇、刘晖、刘娟、王俊、杨振军，还有李晓绪和郭冠伟，北京教科院永远是我的“娘家”，而他们是我永远尊重与留恋的领导、前辈与兄弟姐妹。

感谢社会科学文献出版社的梁艳玲副社长，编辑刘同辉老师、韩欣楠老师为本书付梓给予的耐心而细致的斧正、字斟句酌的修改，在此，向他们对文字、读者及作者的尊重致敬。

最后，感谢我的家人！感谢父母带我来到这个世界，教我识字、送我读书，经历人生的美好；感谢我的兄弟们，让我从未因年迈的父母而有后顾之忧。感谢我的先生，二十年如一日地给予我爱与自由，承担家庭的责任，让我专心做喜欢的事情；感谢我的孩子们，是他们，让我想成为最好的自己。

感谢这一段时光，单纯而美好。

王新凤

2019 年 9 月于北师大

图书在版编目（CIP）数据

新高考公平性及其实践路径研究 / 王新凤著. -- 北京：社会科学文献出版社，2020.8
ISBN 978-7-5201-6915-8

Ⅰ.①新… Ⅱ.①王… Ⅲ.①高考-教育改革-研究-中国 Ⅳ.①G632.474

中国版本图书馆 CIP 数据核字（2020）第 128080 号

新高考公平性及其实践路径研究

著　　者 / 王新凤

出 版 人 / 谢寿光
责任编辑 / 刘同辉
文稿编辑 / 韩欣楠

出　　版 / 社会科学文献出版社（010）59366556
地址：北京市北三环中路甲 29 号院华龙大厦　邮编：100029
网址：www.ssap.com.cn
发　　行 / 市场营销中心（010）59367081　59367083
印　　装 / 三河市尚艺印装有限公司

规　　格 / 开　本：787mm × 1092mm　1/16
印　张：15.25　字　数：199 千字
版　　次 / 2020 年 8 月第 1 版　2020 年 8 月第 1 次印刷
书　　号 / ISBN 978-7-5201-6915-8
定　　价 / 98.00 元

本书如有印装质量问题，请与读者服务中心（010-59367028）联系